Martin Hanni

Oh!
Südtirol

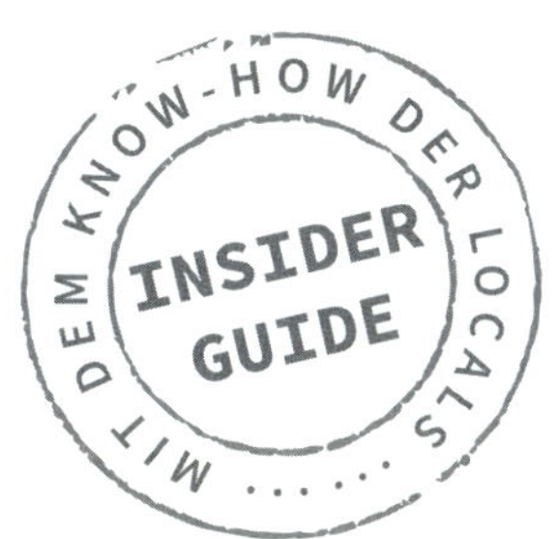

Martin Hanni

Südtirol

Folio Verlag

„*Dann war es in den bergen still, und keiner kam*. / Nur hie & da“

Josef Oberhollenzer,
Was auf der erd da ist.
Vom scheitern & gelingen,
vom vergessen & erinnern

„Beim Reisen ist die Welt größer als der eigene Wahnsinn.“

Georg Paulmichl, *Der Georg*

oh!

INHALT

MUSE

Reisen Sie gut?!

Mit Reisenden kam ich schon als Junge in Kontakt. Mein Vater arbeitete in einem Südtiroler Gast- und Weinbaubetrieb, war dort das „Mädchen für alles“ und wurde aufgrund seiner allseitigen Einsetzbarkeit von den Haus- und Stammgästen immer wieder mit Buchgeschenken beglückt. Diese stapelten sich bei uns zu Hause und ermöglichten mir eine Reise im Kopf nach der anderen. Seitdem mag ich Bücher und Reisende – die einen im Regal und als Begleiter unterwegs, die anderen, wenn sie Neugierde mitbringen und der Kultur und Natur vor Ort mit Respekt begegnen.

Für die vorliegende Buch-Reise habe ich geläufige und vergessene, überraschende und prägnante, smarte und abstruse Geschichten von Gästen und Einheimischen gesammelt. In deren Begleitung geht es in die diversen Landstriche Südtirols – darüber hinaus und vielleicht gar nicht mehr zurück. Es sind Beschreibungen, die den gewohnten Speech aalglatter Tourismusreportagen vermeiden; sie führen einerseits an die naturnahen Anfänge des frühen Fremdenverkehrs in den Alpen, andererseits scheuen sie nicht den kritischen Blick auf Gegenwart und Zukunft.

Der Tourismus serviert Gutes und garantiert flotte Urlaubstage, jedoch insbesondere in einem so sonnigen Land wie Südtirol finden sich auch die Schlagschatten dieses exzessiv florierenden Wirtschaftszweigs. Da und dort führt er zu unerwünschten Nebenwirkungen bei Urlaubenden und Eingeborenen. Man müsse die Gäste besser auf das Land verteilen, meint die Bergsteigerlegende Reinhold Messner. Man müsse den Hotspot-Tourismus (Pragser Wildsee, Seceda, Reschensee) untergraben und andere Destinationen in den Vordergrund rücken, meinen Touristiker.

Am Ende geht es darum, die Authentizität einer einzigartigen Region zu bewahren, der Landschaft und den hier lebenden Menschen rücksichtsvoll zu begegnen, sich selbst zu entschleunigen und weniger Algorithmen-gesteuert und wie auf einer Schnitzel- oder Selfiejagd durchs Land zu hetzen.

Dieser Respekt gilt freilich wechselseitig: Die Mundartdichterin Maridl Innerhofer hatte schelmisch angeregt, dass Gäste ihr Urlaubsgeld nach Südtirol überweisen sollten, ohne anzureisen. Ihre sarkastische Bemerkung war nicht als Ausladung gedacht, sondern zielt auf den mitunter overgeschäftigen Umgang der Einheimischen mit ihren Gästen ab.

Lassen Sie sich inspirieren, von den nachfolgenden 37 Geschichten. Flanieren Sie mit ihnen durch Kleinstädte und Dörfer, erklimmen Sie schwindelerregende Höhen oder sanfte Weinhügel, tauchen Sie kenntnisreicher und urlaubsbeschwingt ein in die unermesslichen Tiefen des Menschseins. Reisen Sie besser!

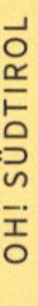

Rose im Milchkrug

BOZEN

Die Südtiroler Landeshauptstadt hat viel zu bieten. Vor allem zwei Städte in einer. Zur Einheit wird sie an der Talfer, dem Fluss, der aus dem Sarntal kommt. Es lohnt sich, mal auf der einen, mal auf der anderen Seite, entlangzuspazieren. Kommen Sie mit!

Wer die Schmuckstücke der Stadt Bozen erkunden will, macht sich am besten zu Fuß oder mit dem Fahrrad auf den Weg und geht oder radelt von jener Stelle, wo die Talfer in den Eisack mündet, flussaufwärts. Eine gelb colorierte Eisenbahnbrücke – hier fuhr einst die Bahn nach Meran und ins Überetsch – dient heute Radfahrenden, Joggerinnen und Spaziergängern. Unmittelbar daneben steht das pompeirote, um Glasanbauten ergänzte Gebäude des Forschungsinstituts *Eurac research*. Sein Altbestand samt ovalem Auditorium und einem Turm war ab den 1930er-Jahren für Erziehung der faschistischen Jugend bestimmt, später wurden hier nicht jugendfreie Filme gespielt. Ab dem **Eurac Cafè** mit seinen Tischen im Grünen und mit dem Rauschen des Wassers in den Ohren, geht es immer wieder unter Brücken hindurch oder über Brücken ans andere Ufer und wieder zurück. Die Talfer teilt Bozen nicht nur in zwei Hälften, sie ist auch die grüne Ader und die eigentliche Attraktion der Stadt, von der aus man bequem zu den interessantesten Zielen gelangt.

Ahoi!
MINIGOLF
PIZZA~FOOD~FUN

Gelbe Brücke: Einst fuhr die Bahn ins Naherholungsgebiet Überetsch. Heute wird geradelt.

Nachdem die Drususbrücke unterquert ist, laden rechter Hand zwei bemerkenswert schwungvoll gestaltete Brücken ein, die Flussseite zu wechseln für einen Abstecher ins **Museion**, dem Museum für zeitgenössische Kunst. Die nächste Brücke – erneut nur für Fußgänger und Radfahrer – bietet den besten Platz, um ein Foto von der historischen Talferbrücke zu schießen. In den 1980er-Jahren wollten sie einige Bozner Stadtväter abreißen lassen, doch ein Komitee hielt erfolgreich dagegen und so gibt es sie glücklicherweise immer noch.

Von der Talferbrücke blickt man in die Museumstraße hinein, zum Ötzi-Museum. Geradedurch laden die Sehenswürdigkeiten Obstmarkt für gesunde Köstlichkeiten, die Laubengeschäfte für ein kühles Lüftchen bei heißen Temperaturen. Noch weiter östlich geht es unter der Rittner-Gondelbahn hindurch atemberaubend steil hinauf auf den Weinhügel von St. Magdalena.

Wer von der Talferbrücke nach Westen zieht, rechts am umstrittenen Siegesdenkmal vorbei, entdeckt auch in der Freiheitsstraße Lauben. Im Unterschied zu den mittelalterlichen der Altstadt beeindrucken sie durch ihren monumentalen Architektur-Stil der faschistischen Machthaber der 1920/30er-Jahre und markierten den italienischen Einfluss auf die Stadt. Dahinter liegt der alte Kurort Gries.

OLÉ, OLÉ, OLÉ
Die Heimstätte des FC Südtirol liegt nur einen Steinwurf von der Eurac entfernt im Drusus-Stadion. Gleich nach dem Aufstieg aus der dritten Liga, wäre die Mannschaft beinahe in die Serie A durchmarschiert. Dennoch klasse!

Auf der Talfer- oder Wassermauerpromenade lässt es sich auch lohnend geradeaus weiterziehen, mal westlich, mal östlich des Flusses, mit Ausblicken auf Schloss Maretsch und das Felsmassiv des Rosengartens, mit einladenden Kinderspielplätzen, viel besuchten Sportstätten, einem Skatepark oder für einen Zwischenstopp im Café St. Anton. Kurz vor dem Ende der Promenade wartet die Minigolfanlage **Ahoi!**, in deren Biergarten kleine Gerichte und kühle Getränke angeboten werden.

Im schönen Land Tirol nannte der Dadaist und Krimiautor Walter Serner (1889–1942) Mitte der 1920er-Jahre eine Erzählung und beginnt seinen Besuch an der Talfer. Einige Jahrzehnte vor Serner lauschte der Schriftsteller und Vordadaist Franz Held (1862–1908) dem „rauschigen Hymnus“ der Talfer und beschreibt Bozens „kühl-emsige Lauben“, die „Walthersäule, umhuldigt von Tauben“, und die ihm auffallenden „Trauercypressen“. Er schließt mit dem Reim: „Du bist eine Rose, im Milchkrug vergessen.“

INFOS

Eurac Cafè – The Lab: Drususallee 1, Bozen
Cafè Bistro Museion: Piero-Siena-Platz 1, Bozen
Ahoi!: Bozner Wassermauer 22, Bozen, www.ahoi.bz
Museion: Piero-Siena-Platz 1, Bozen, www.museion.it, donnerstags 18–22 Uhr kostenloser Eintritt
Café St. Anton: Bozner Wassermauer 10, Bozen

2

Allerhand Kellergeister

LAIMBURG, GIRLAN

Kellerräume sind in der Regel dunkel, feucht und wenig einladend. Nicht so in Südtirol. Das älteste Südtiroler Weindorf trumpft mit dem größten zusammenhängenden Keller-Ensemble weit und breit auf. Entlang der Südtiroler Weinstraße gibt es jede Menge Kellereien, die sich mit Weinen und architektonisch zeitgenössischer Kellerarchitektur überbieten.

Der in Graz geborene Sohn eines Girlaner Kellermeisters, Raimund Abraham (1933–2010), ging in den 1960er-Jahren nach Wien, um dort Architektur und Design zu studieren. Danach zog es ihn in die USA, aber regelmäßig kam er für Besuche nach Europa, auch in sein geliebtes Weindorf, dem Ort seiner Vorfahren, wo er bis zu seinem Tod Besitzer eines kleinen Grundstücks mit Reben war. „Ich habe meine Kindheit immer hier in Girlan verbracht“, erzählte er einmal anlässlich eines runden Geburtstags, den er mit einer illustren Gruppe von internationalen Künstlern in Girlan feierte. Wie Abraham war auch sein berühmter Kollegen Carlo Scarpa (1906–1978) von der archaischen Landschaft fasziniert und plante für Girlan sogar ein Haus, die Casa Tabarelli, in die Weinberglandschaft. Weder ihm noch Abraham dürfte allerdings das tatsächliche Ausmaß an versteckter und fest im Boden verankerter Kellerarchitektur in Girlan bekannt gewesen sein. Von den jeweiligen Weinhöfen führen Gänge in ein unterirdisches Kellerlabyrinth. Die Pläne einer sanften Erschließung in Form eines Erlebnis-Parcours von Keller zu Keller liegen seit Jahren auf dem Tisch. Ob sie jemals realisiert werden? Einen kleinen Einblick erhaschen in diesen Kellerkraken können Sie bei Dorffesten oder Veranstaltungen der Tourismusorganisation Weinstraße.

Ein geradezu monumentaler, in den Mitterberg gesprengter Keller liegt ein paar Kilometer südlich in der Gemeinde Pfatten. Der Bau des Felsenkellers auf dem Areal des Landesversuchszentrums Laimburg wurde Ende der 1980er-Jahre in Angriff genommen, zunächst lediglich für den Ausbau lagerfähiger Weine. Bald aber avancierte der Felsenkeller zum sündteuren Mammut- und politischen Vorzeigekeller der Landespolitik, eine Erweiterung folgte der nächsten. Über gut zwei Jahrzehnte gab es im Felsenkeller unzählige Feste, Versammlungen und Gelage. Ganz nebenbei wurde Politik gemacht. Für den Historiker Hannes Obermair ist der Felsenkeller „ein äußerst ambivalenter Ort“, da es „ein Ort wie kein anderer ist, der das außerparlamentarische Regieren in Südtirol verkörpert.“ Nach der Ära von Langzeitlandeshauptmann Luis Durnwalder schlummerten die protzigen Felsenkellerräume einen kurzen Dornröschenschlaf. Seit einigen Jahren ist der unterirdisch angelegte Größenwahn als Veranstaltungsort mit überarbeiteten Vorgaben zur Nutzung wieder gefragt – und auch virtuell erkundbar.

KELLER-HOPPING

Bei der Veranstaltung *Nacht der Keller* werden in vielen Dörfern des Südtiroler Unterlandes die Keller aufgesperrt und zugänglich gemacht. Das Tief-in-den-Keller-Schauen soll ohnehin gesünder sein, als das Zu-tief-ins-Glas-Schauen. Zum Wohle.

Als übergemeindliches Projekt verbindet die Marke Südtiroler Weinstraße seit 1964 oberirdisch die verschiedenen Weinorte und Keller. Allerdings nur bis zur Landesgrenze. Obwohl es auch im Trentino genügend Keller gäbe. Wie etwa Keller editore, einem Keller namens Roberto, der in den Sparten Literatur und

Versteckt: Unter Weinbergen und -höfen liegen in Girlan Keller und Fässer.

Reportage eine wichtige Triebfeder für den europäischen und italienischen Buchmarkt darstellt. „Ich habe sehr nette Erinnerungen an meine Kindheit", erzählt der italienische Verleger leicht verlegen, „denn wenn man von hier nach Norden fuhr, sah man den Begriff Keller ja beinahe überall. Und ich dachte als Kind, dort wohnen meine Verwandten." Kellers Nachname ist inzwischen stimmiger Spirit seines Verlagshauses, dessen Büros sich übrigens nicht im Keller, sondern im Dachboden befinden.

INFOS

Südtiroler Weinstraße: www.suedtiroler-weinstrasse.it
Felsenkeller: Landesweingut Laimburg, Pfatten, www.laimburg.bz.it/felsenkeller/

3

Klimatische Vorboten

EPPAN, KALTERN

Die einen haben ein Weinseligkeit beschwörendes größeres Gewässer und eine echt steile Bergbahn, die anderen zwei idyllisch gelegene Waldseen und unzählige Burgen und Ansitze. In Eppan gibt es erfrischende Eislöcher, in Kaltern verblüffende Warmluftlöcher. Das Frühlingstal verbindet beide Gemeinden und lässt bereits in der kalten Jahreszeit Frühlingsgefühle hochkommen.

„Wie milde der Winter in Überetsch auftritt, kann man der Tatsache entnehmen, dass die in dem seiner herrlichen Lage wegen bekannten Schlosse Gandegg wohnende gräfl. Khuen'sche Familie die ganzen Wintermonate hindurch mit Ausnahme einer ganz kurzen Zeit täglich im Garten an der durch die vorspringenden Ecktürme vor den Winden geschützten Fronte des Schlosses zu Mittag speiste", berichtete die Bozner Zeitung am 3. März 1869. Nur drei Jahre später kamen in St. Michael in Eppan einige Pioniere zusammen und begründeten einen Kurverein, ähnlich wie es einen solchen in Bozen, Gries oder Meran gab. War dieser neue Zusammenschluss zunächst für den ganzen Landstrich Überetsch angedacht – also für die Gemeinden Eppan und Kaltern –, so kam es in letzter Minute anders, als es die Menschen in Kaltern bis heute wahrhaben wollen. Trotz aller Vorgespräche wurde nur die Gemeinde Eppan zum klimatischen Kurort ernannt. Ätsch, bätsch, Überetsch.

Passend gewandet: Für die Bildserie *Eislöcher* entwarf der Künstler Arnaud Lajeunie Schutzanzüge. Wogegen? Wofür?

In den Folgejahren kam es im Überetsch zu einer regelrechten Erschließungswelle. Zunächst durch die Eisenbahnverbindung zwischen Bozen und Meran, dann durch den Bau der Straßen auf die Mendel und nach Girlan sowie durch eine verkürzte Streckenführung der ursprünglich von Bozen über Gries, Eppan, Kaltern nach Tramin und Neumarkt angedachten Trambahn, die Tramin ablehnte. Am Ende blieben nur Kaltern und Eppan übrig und die Überetscher Bahn konnte 1898 eröffnet werden. Zunächst war sie relativ erfolgreich – vor allem dank der touristischen Sogwirkung der daran anschließenden Standseilbahn auf die Mendel (ab 1903) –, dann immer weniger, bis der Bahnverkehr in den 1960er-Jahren eingestellt wurde. Weitgehend erhalten ist die historische Trasse von Bozen nach Kaltern, die seit den 1990er-Jahren vor allem zum Radfahren sehr beliebt ist. Durch Tunnels und über kleine Brücken geht es, von Bozen kommend, an Sigmundskron vorbei durchs Warthtal zum alten Bahnhof in Eppan und später hoch über dem Lavasontal Richtung Bahnhofsgebäude Kaltern, das nach einem gelungenen Umbau als schickes Dorfkino sowie Kultur- und Veranstaltungszentrum eine wichtige Funktion im Dorfalltag erfüllt. Die beiden im Jugendstil errichteten Bahnhofsgebäude sind übrigens in Eppan wie Kaltern täuschend ähnlich, aber eben nicht gleich. Eine optische Täuschung? Eher eine architektonische, denn der eine Bahnhofsbau ist gewissermaßen eine horizontale Spiegelung des anderen. Wie auch die Überetscher Gemeinden selbst, die in gewisser Hinsicht gleich sind, aber doch leicht anders ticken. Sie teilen sich auf jeden Fall die charakteristischen Fallwinde und damit das besondere Klima entlang des Mendelkammes. Die liebevollste Verbindung beider Gemeinden stellt das **Frühlingstal** dar. Es ist die autofreie Achse zwischen dem Kalterer See und den Montiggler Seen und am schönsten im ausgehenden Winter.

COOLE LÖCHER
Ein erfrischendes Erlebnis und alpine Vegetation erwarten Sie bei den Eislöchern in Eppan. Vom Hotel Stroblhof geht es in rund 20 Minuten in den Wald und gefühlt in einen Kühlschrank.

Bei einer weiteren naturnahen Wanderung, vom Paradeaussichtspunkt Penegal ausgehend, dem Mendelkamm entlang, auf fast unberührt gebliebenem Südtirol-Trentiner Wegen und mit Ausblick von dem nicht enden wollenden „Balkon" aufs Überetsch und über das Land, findet der abenteuerlustige Wandergeist am Ende des Kammes viele Kuppen und wenige Gipfel vor, auch nicht wie gewohnt eine Jausenstation, vielmehr den galaktischen Wetterradar am Gantkofel. Der zeichnet auf, was sich wetter- und klimamäßig in Südtirol abspielt.

INFOS

Kino im Bahnhof: Bahnhofstraße 3, Kaltern, www.filmtreff-kaltern.it
Burgen und Schlösser: Informationen im Tourismusverein Eppan, www.eppan.com
Penegal: Zu Fuß oder mit Auto ab Mendelpass erreichbar. Hierher auch Standseilbahn ab Kaltern.
Frühlingstal: Weg Nr. 20, Ausgangspunkt Parkplatz am Kalterer See oder am Großen Montiggler See; auch mit Öffis erreichbar, www.suedtirolmobil.info

B.L

4

Hölzerne Dialekte

BRANZOLL, ALDEIN

Ob *Krautwalsch* oder *Bronzolòt* – in einer kleinen Gemeinde im Unterland stößt die Sprachwissenschaft an außergewöhnliche Grenzen, die so fließend sind, wie die permanent vorüberströmende Etsch. Welche Rolle der Fluss spielt und weshalb er hier Begriffe wie *Atrezkastele* (Werkzeugkasten) oder *Spricarét* (Sprühgerät) anschwemmte, und ein eigenes Dialekt-Cuvée geformt hat, ist im wahrsten Sinn des Wortes *triftig*.

Im September 1943 musste Branzolls bekannteste Persönlichkeit als entschiedener NS-Gegner aus Südtirol fliehen – zunächst ins Trentino, dann in die Schweiz. „Die Leute haben nichts anderes verdient. Wie oft habe ich sie gewarnt, den Nazis Gehör zu schenken. Vieler und leichter Verdienst hat sie derart materiell eingestellt“, schrieb August Pichler (1898–1963) in sein Tagebuch, welches die emotionalen Hochs und Tiefs der Flucht, die vielen Orts- und Lagerwechsel sowie die Sehnsucht nach der Heimat dokumentiert. Pichler kehrte zwei Jahre später über das Münstertal und den Vinschgau in die von Faschismus und Nationalsozialismus befreite Heimat zurück und nahm daraufhin eine wichtige Rolle in der regionalen Politik ein. Pichlers Heimatort ist eine sprachlich hochinteressante Pufferzone, die sich mehreren historischen und geografischen Umständen verdankt und die hier seit Jahrhunderten eine Sprachbrücke bildet, die Sie zwar nicht sehen, doch vereinzelt noch hören können.

Branzoll war lange der Hafen der Handelsstadt Bozen, ein wichtiger Warenumschlagplatz und Verladeterminal von Porphyr und Holz mit eigener Post- und Zollstation. Nachdem die Zuwanderung ins Unterland vorwiegend aus dem Trentino erfolgte, stammen die überlieferten Sprachreste nicht so sehr aus dem Standard-Italienischen, vielmehr aus dem Trentiner Dialekt. Dieser war zudem bis in den Ersten Weltkrieg hinein stark von der österreichischen Mundart geprägt. Im Unterschied zu Bozen, wo während des Faschismus Italienerinnen und Italiener aus etwas südlicheren Gegenden angesiedelt wurden, kamen die Italienischstämmigen im Unterland vor allem aus dem südlich angrenzenden Etschtal zwischen Salurn und Trient, aus der Val Lagarina und aus Rovereto. In Branzoll sprechen die Leute *Bronzolòt*, also den alten Trentiner Dialekt mit deutschen Lehnworten, andere *Krautwalsch*, den altösterreichischen Dialekt mit einer Anhäufung an italienischen Lehnworten aus dem Trentino. Wer weiter nach Süden fährt, kann mit etwas Glück auch die Umkehrung des Branzoller Sprachphänomens feststellen, nämlich deutsch-tönende Worte, die sich im Trentiner Dialekt eingenistet haben, etwa die Begriffe *bàgherle* für kleinen Wagen, *snìzzel* für Schnitzel, *canèdel* für Knödel, oder *crònq* für krank. Oder das liebenswürdige *mis mas* für Mischmasch. Alles in allem ein sprachlich heiteres Hin und Her an der Etsch.

RUND UM DIE MITTE
Ein Radweg führt von Bozen auf der ehemaligen Trasse der Überetscherbahn nach Eppan und zum Kalterer See. Dann um den Mitterberg weiter nach Auer und entlang der Etsch sowie vorbei am früheren Hafen von Branzoll zurück nach Bozen.

Von Branzoll geht es über einen der alten „Holzwege" nach Aldein, auf denen einst die Baumstämme ins Tal gezogen wurden: Die einen hatten das Holz, die anderen den Fluss für dessen Abtransport. Auf dem sogenannten Porphyr-Weg (Nr. 6) geht es neben dem rauschenden Aldeiner Bach bergauf durch das kühle und wilde Tal. Nach 1,5 Stunden ist das Bergdorf Aldein erreicht; von dort sind es nur noch rund 20 Minuten zum idyllischen

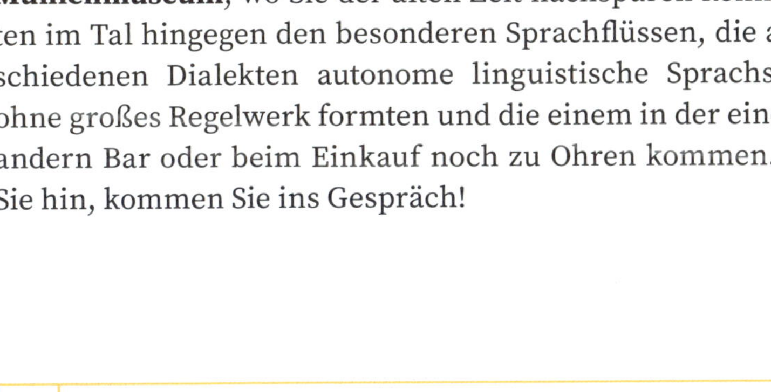

Die romanisch-spätgotische Kirche St. Leonhard in Branzoll war früher Pfarrkirche, heute Hingucker.

Mühlenmuseum, wo Sie der alten Zeit nachspüren können. Unten im Tal hingegen den besonderen Sprachflüssen, die aus verschiedenen Dialekten autonome linguistische Sprachsysteme ohne großes Regelwerk formten und die einem in der einen oder andern Bar oder beim Einkauf noch zu Ohren kommen. Hören Sie hin, kommen Sie ins Gespräch!

INFOS

Das Mühlenensemble im Thal: Dorf 34, Aldein, www.museum-aldein.com
Bar Eisdiele Konditorei Manfredo: Von-Ferrari-Platz 8, Branzoll
Weingut H. Lentsch: Reichsstraße 71, Branzoll, www.h-lentsch.com
Ehemaliger Etschhafen: www.tecneum.eu

Vaia

5

Vom guten Ende

KARERPASS

Was verbindet Köln und Venedig mit dem Rosengarten am Karerpass? Sagen und Sägen! Zum einen die touristische Entwicklung und eine hinterlistig zusammengeschusterte Sage, zum anderen begehrte Holzlieferungen aus den Wäldern zwischen Latemar und Rosengarten. Sowie eine spezielle Säge.

Agatha Christie (1870–1976) hat sie bewundert und literarisch verewigt: Die Wälder im Eggental. Ein tragisches Naturschauspiel verursachte Ende Oktober 2018 im Eggental einen gewaltigen Windwurf. Auf einer Fläche von 160 Hektar verwüstete das Sturmtief Vaia diesen und weitere Landstriche, knickte unzählige Bäume um wie Streichhölzer. Auch am idyllisch gelegenen Karersee. Rund 100.000 Kubikmeter Holz fielen der Wetterkapriole zum Opfer, große Waldflächen lagen darnieder. Nach diesem einschneidenden Ereignis begannen die geschockten Bewohnerinnen und Bewohner die ökonomischen Ursprünge des Tales, die in der Holzwirtschaft wurzeln, neu zu denken.

Es waren stets die lohnenden Holzwege und die gute Ware aus dem Tal gewesen, die Kohle einbrachten. Etwa ab dem 16. Jahrhundert jene vom Karerpass, als die Lagunenstadt Venedig enorme Mengen Holz für den Schiffsbau, Klangholz für Instrumente oder Holz für die Errichtung bzw. Sanierung von Gebäuden be-

VERSTECKTE LITERATUR
Auf den Spuren von Agatha Christie wandern und ermitteln! Ab dem ehemaligen Grandhotel Karersee auf dem Labyrinthsteig sich dem Latemar nähern. Wer nicht zu weit vom Weg abweicht, kommt aus dem Stein-Labyrinth auch wieder unbeschädigt heraus.

nötigte. Die Nachfrage nach Holz aus dem Karerseegebiet war irgendwann so groß geworden, dass die finanzkräftigen Holzkaufleute weiter in den Norden vordrangen. Das Business wurde immer lukrativer. Von Venedig aus schaffte es auch ein spezielles Sägesystem in den Norden: die sogenannte Venezianer Säge, nach einer Erfindung von Leonardo Da Vinci (1452–1519). Die wenigen heute noch im Tal verbliebenen Exemplare dieser kleinen, vom großen Meister erdachten Sägewerke werden inzwischen wieder aufgewertet, saniert und sogar in Betrieb genommen. Im nahegelegenen Tiers kann bei der Infostelle des Naturparks eine solche wasserbetriebene Säge besichtigt werden.

Weder nach Venedig noch in die Wälder am Karerpass führt eine dritte interessante Verbindung, nämlich nach Köln und zu einer mutig ins Rosengarten-Massiv gesetzten Hütte, die die Alpenvereinssektion Köln vor rund 125 Jahren erbauen ließ. In einer Erinnerung an die Eröffnung im Juli 1900 wird beschrieben, wie die angereisten Wanderer und Kletterer der Alpenvereinssektion Rheinland ab 7 Uhr den Aufstieg zur neuen Hütte durchführten, um 11 Uhr folgte die feierliche Eröffnung und um 12 Uhr ein sogenanntes Gabelfrühstück – heute sagen die Menschen Brunch dazu. Wer die Kölner Hütte besuchen möchte, kann sich ihr zu Fuß nähern, oder gänzlich schweißfrei mit einer modernen Kabinenbahn. Am besten zur Dämmerung, wenn die untergehende Sonne die Bergwände erleuchten lässt. Auf einer gemütlichen Wanderung von der **Kölner Hütte** geht es auf dem Hirzelweg am Fuß der Felswände entlang sehr aussichtsreich zur Paolinahütte.

Der rötliche Widerschein der Abendsonne am Rosengarten hatte übrigens Südtirols populärstem Geschichtenerzähler Karl Felix Wolff (1879–1966) bereits vor dem Ersten Weltkrieg auf die geniale Idee gebracht, das beeindruckende Naturphänomen mit der Sagen- und Zwergenfigur König Laurin zu verquicken und

damit die bekannteste Südtiroler Sage zu erfinden. Ein schlauer Fake? Wolff spann 1908 zwei unterschiedliche Überlieferungen kongenial zusammen: eine Sage aus Ladinien vom Alpenglühen und jene eines alten mittelalterlichen Spielmannsliedes. „Das war nun das Ende vom Lied. Dieses Storytelling ist seitdem nicht mehr auflösbar", bestätigt Ulrike Kindl, erzählfreudige Sagenforscherin und Entdeckerin des Wolff'schen Kunstgriffs.

INFOS

Kölner Hütte: www.rifugiofronza.com
Paolinahütte: www.paolina-huette.com
Naturpark-Infostelle Steger-Säge: Weißlahn 14, Tiers, Tel. 0471 708110, https://naturparks.provinz.bz.it/de/infostelle-tiers

6

Auf gute Nachbarschaft

SEIS, ST. KONSTANTIN

Seiser Alm da, Seiser Alm dort. Alle reden in hochtrabenden Worten von der bekannten Hochalm, servieren schnulzige Lieder, Fotomotive und loben den zugegebenermaßen landschaftlich herrlichen Flecken in höchsten Tönen. Das namengebende Dorf ist tiefer gelegen, vielleicht sogar etwas unter der Wahrnehmungsgrenze.

Die Sonne versteckt sich in Seis gerne hinter dem Berg. Im Schattendasein blühte es in den 1880er-Jahren dennoch auf, auch dank eines ausgeklügelten Straßenbauprojekts des aus Bozen stammenden Ingenieurs Josef Riehl (1842–1917). Die neue Straße wurde von Waidbruck nach Kastelruth und Seis gebaut und weiter bis zum touristisch und gesundheitlich reizvollen Bad Ratzes. Eine technische Meisterleistung! Horizonterweiternd war diese Erschließung auch für die junge Frieda Schloffer (1880–1942), eine Nichte von Ingenieur Riehl, die mit ihrem Partner, dem Psychiater Otto Gross (1877–1920), aus der kleinen Welt ausbrechen wollte. Sie entschieden sich für ein Leben in einer freien Kommune. Und gegen Seis. Frisch verliebt wanderten beide nach Ascona ins Tessin aus und wurden dort – mit allen später erwachsenden Problemen – eine Zeit lang auf dem Monte Verità heimisch.

Die St.-Valentin-Kirche zwischen Kastelruth und Seis

Wechselwirkende Beziehungen zwischen Tessin und Südtirol tauchen unter speziellen historischen Gesichtspunkten immer wieder auf. Etwa die Idee für einen Bevölkerungsaustausch, die der angesehene Verwaltungsjurist und Publizist Siegfried Lichtenstaedter (1865–1942) im Jahr 1927 lancierte. Die Tessiner Bevölkerung nach Südtirol verfrachten? Und umgekehrt? „Stumpfsinn" kommentierten die lokalen Blätter den „absurd-grotesken Vorschlag". Die beiden Gegenden „auszutauschen" hat vor Lichtenstaedter bereits Hermann Hesse literarisch ausgeführt. In seiner Kurzgeschichte *Der Weltverbesserer* erzählt er von einem jungen Aussteiger, der sich von München kommend in einem Südtiroler Obstgarten mit Weinberg niederlässt und dort ein Leben fernab der Zivilisation führt – ähnlich Frieda und Otto. Hesse beschreibt persönlich gemachte Erfahrungen am legendä-

ren „Berg der Wahrheit“ und verlegt sie fiktiv nach Südtirol. Wo er den beschriebenen Weinberg genau verortet, lässt er offen. Die Wahrheit würde die Welt nicht besser machen als Hesses *Weltverbesserer*.

Apropos Weltverbesserung. Im April 2021 organisierte ein Kulturverein hoch über Seis eines der einprägendsten Konzerte während eines Südtiroler Corona-Lockdowns. Dabei ließ der Musiker Nartan Marco Savona auf einer idyllisch am St.-Valentin-Kirchlein gelegenen Wiese über dem Dorf eine mit Lausprechern beträchtlich verstärkte Harfe gar ordentlich erklingen. Das rockte in der Tat sehr lieblich und hatte was vom Harfenspiel Oswalds von Wolkenstein, der im Mittelalter vis-à-vis auf der Burg Hauenstein die Saiten zupfte. Das Publikum in den Seiser Häusern lauschte jedenfalls an den Fenstern und der eine oder die andere träumte vielleicht nur mit T-Shirt und leichten Hosen bekleidet von einem freien Leben, ähnlich der Monte-Verità-Community. Allerdings unterm Schlern. Sei's drum.

Unweit von Seis hat der Buschenschank **Stanglerhof** – zwischen Völs und Seis in St. Konstantin gelegen – mit guten Speisen, frischen Getränken und einem flotten Kulturangebot einen feinen freien Ort geschaffen. Wer es also in Seis nicht mehr aushält – Gründe finden sich immer –, braucht nicht ins Tessin, sondern wechselt einfach zum Nachbarn hinüber.

LIEBLICH IN DIE SAITEN HAUEN

Eine Wanderung ab Bad Ratzes oder ab der Talstation der Seiser-Alm-Bahn zur Ruine Hauenstein, wo Oswald von Wolkenstein residierte, lohnt allemal. Dazu Harfenmusik im Kopfhörer. Sehr wohltuend!

INFOS

Kirchlein St. Valentin: Von Ende Juni bis Anfang September regelmäßig Führungen. Info und Anmeldung: Tourismusverein Seis am Schlern, Tel. 0471 707024.

Buschenschank Stanglerhof: Hubert-Mumelter-Weg 42, Völs am Schlern, Tel. 348 8659739, www.stanglerhof.bz.it

Seiser-Alm-Bahn: Schlernstraße 39, Seis

Hotel Bad Ratzes: Ratzesweg 29, Seis, www.badratzes.it

7

Glücksschmiede und Sterntaler

BIRCHABRUCK

Eine Bushaltestelle im Niemandsland? Und was für eine! Der kleine Mobilitätshub in Birchabruck im Eggental ermöglicht den Umstieg von einem Überlandbus auf andere. Hier verästeln sich deren Routen sternförmig Richtung Welschnofen, Deutschnofen, Eggen, Bozen und Gummer. Und von letzterem Dorf direkt ins Sternenzelt.

Wer sich eine kurze Rast in Birchabruck gönnt, um spontan, stressfrei und gutgelaunt vielleicht erst mit dem übernächsten Bus in eine der vorgegebenen Richtungen zu fahren, kann einen Steinwurf von der Bushaltestelle entfernt, einen Blick auf eine alte Schmiede, die Wiesler-Schmiede, werfen (nur vom Gehsteig aus, weil Privatbesitz).

Das unscheinbar in die Wiesen gesetzte Häuserensemble, bestehend aus historischer Bausubstanz und zwei großen Kunstinstallationen, hat der visionäre Künstler **Walter Pichler** (1936–2012) mitgestaltet. In der alten Schmiede hatte er seine Kindheit verbracht, bevor er mit Eltern und Geschwistern während der sogenannten Optionszeit im Zweiten Weltkrieg aus Südtirol fortzog. Viele Jahrzehnte später kehrte er als Künstler zurück und erweiterte die bestehende Schmiede mit Kunst. Seinen kompakten

Neubau mit Oberlicht realisierte er mit unheimlicher Präzision, einem hohen Maß an Technologie und mit Werkstoffen aus der Umgebung. Als Vertreter der utopischen Architektur vertrat Pichler ab den 1960er-Jahren eine besondere Form der Architektur. Seine frühen Arbeiten fallen in die Zeit der konzeptuellen Kunst, die radikale Gedanken – auch ohne Nutzanwendung – zu Ende zu denken versuchte. Über den vorbeifließenden Eggentaler Bach hat Pichler außerdem eine nicht alltägliche, tatsächlich halbe Brücke errichtet. „Aus funktionaler Sicht ein Blödsinn", erklärt dazu der Kunsthistoriker Andreas Hapkemeyer, „aber aus der Sicht des utopischen Architekten ist es eine denkbare Möglichkeit, handelt es sich doch um eine Plattform über den Fluss, die so aussieht wie eine Brücke, aber keine Brücke ist."

STERNFAHRT INS EGGENTAL
Lauschen Sie im Bus den originalen Erzählungen, Tönen, Geräuschen über die Schmiede, die Sagenwelt, das Sternenzelt und die Eggentaler Ortschaften: sternfahrt.it

Zu kompliziert? Egal! Der Visionär Walter Pichler gilt auch als Vordenker von virtuellen Realitäten, erfand er doch 1967 einen als tragbares Wohnzimmer einsetzbaren TV-Helm, um den architektonischen Raum auf ein Minimum zu reduzieren. Inspiriert wurde er für diese und andere Arbeiten übrigens durch die Hände seiner Mutter. Sie schützte den Kopf des Kindes vor Gefahren, bewahrte es vor Kälte, Regen und anderen Dingen. Die Mutterhand also, als Urform von Architektur?

Wer darüber nachdenken will, kann dies schräg gegenüber im vom Tourismus garantiert unbeschädigten **Gasthof Kreuz** machen. Oder weiter ans andere Ende von Birchabruck spazieren, zum Gasthof Rosengarten. Gleich nebenan hatte dort vor drei Jahrhunderten der Schmied und Wirt Thoman Pfeiffer in einem Aufschreibbüchlein eine erhellende Beobachtung vermerkt: „Den 10. December 1737 zur Nacht ist am Himbl ein so grosse Röeth und Liecht gebessen, dass man vermeint, es miesse prinen" (es würde brennen). Dämmerts? Pfeiffer hatte am Himmel wohl eine *Aurora borealis*, ein Polarlicht, gesichtet, dieses Naturphänomen aber nicht begriffen. Heute weiß die Menschheit dazu mehr und Pfeiffers Nachfahren können bloß die Sternwarte

Sternwarte und Planetarium in Gummer

nahe dem ab Birchabruck mit Bus 182 erreichbaren Ortsteil Obergummer aufsuchen, um an erhellende Informationen zu kommen. Oder um visionäre Gedanken im Stile eines Walter Pichler hervorzubringen, dem beim Blick von Gummer in den Himmel sowie hinunter ins Tal auf seine alte Schmiede klar geworden sein soll: Hier baue ich Kunst. Einen Stern im Tal.

INFOS

Sternwarte Max Valier: Learn 14, Gummer, Karneid, www.sternwarte.it
Planetarium Südtirol: Gummer 13, Karneid, www.planetarium.bz.it
Gasthof Kreuz: Eggental 14, Birchabruck, Tel. 0471 610151, www.hotel-kreuz.it
Restaurant Rosengarten: Oberbirchabruck, Deutschnofen, Tel. 0471 610244

7 8 9 10 11 12 1 2 3

8

Fantastische Ferienhäuser

OBERBOZEN, KLOBENSTEIN

Am 31. Dezember 1950 verbrachte die Ärztin und Bauherrin Edith Brook Farnsworth die erste Nacht in ihrem gerade fertiggestellten *Farnsworth House* in Illinois, dem bekanntesten Wochenendhaus der Welt. Die Spuren für den Entwurf ihres Hauses führen nach Südtirol. Und direkt ins Paradies für Sommerfrische und Ferienhäuser.

Vor einigen Jahren begann der Architekt Ivan Bocchio mit Recherchen zu früher Hotelarchitektur in den Alpen. Im Museum of Modern Art in New York fand er Skizzen zu einem *Mountain House,* die Stararchitekt **Ludwig Mies van der Rohe** (1886–1969) anscheinend in Meran gefertigt hatte. Bocchio wurde stutzig und nahm den bislang noch nicht gründlich aufgearbeiteten Bestand des Architekten genauer unter die Lupe. Die Wochenendhaus-Spurensuche führte am Ende nicht in die Kurstadt Meran, sondern auf den Ritten, wo Mies van der Rohes Förderer der ersten Stunde, der Philosoph Alois Riehl, seine Wurzeln hat. Riehl erlangte zwar Bekanntheit mit Büchern zu Friedrich Nietzsche, Plato und Giordano Bruno, in die Geschichte ging er insbesondere als erster Auftraggeber des prominenten Architekten ein, der ihm sein Landhaus in Neubabelsberg bei Potsdam entworfen

WALDSEEBADEN
Von Oberbozen ist der Wolfsgrubener See in knapp 40 Minuten erreicht: für ein kühlendes Bad im Sommer und ein eisiges im Winter.

hatte. Kurze Zeit später lernte Mies van der Rohe über das Ehepaar Riehl auch seine erste Frau, die Fabrikantentochter und Tänzerin Ada Bruhn (1885–1951) kennen, die in den 1920er-Jahren mit ihren drei Töchtern mehrere Jahre lang im Ansitz Kematen auf dem Ritten wohnte. Der revolutionäre Architekt kam auch nach der Trennung von Ada mehrmals auf den Ritten, besuchte seine Töchter oder arbeitete. Auch im Jahr 1934 reiste er an, mietete sich im Hotel Friedl (heute Hotel Post Victoria) ein und entwickelte in Oberbozen erste Skizzen zum *Mountain House*. Eine architektonische Sensation, geboren in einer Ferienhauslandschaft.

Ein völlig anderes Berghaus im Jugendstilgewand hatte der Bruder von Alois Riehl in Oberbozen bauen lassen. Bereits 1908 wurde nach den Plänen von Josef Riehl ein riesiger Bau mit dem Namen „Hotel Maria Schnee" in die Landschaft gestellt, das schon bald als „Hotel Oberbozen" (heute Parkhotel Holzner) in aller Munde war. Außerdem hatte Josef Riehl den Bau der Schmalspurbahn von Bozen nach Klobenstein in die Wege geleitet.

Beide Relikte haben zum Glück überdauert und zeigen sich im Jetzt in alter Frische und im immer jungen Jugendstil. Da macht es auch nichts, dass Riehls Hotel über mehrere Jahrzehnte weniger als Hotel, denn als Disko beliebt war. Im Parterre machten die Besitzer ab 1970 Platz für ihr Tanzlokal Hole (engl: Loch), das die Leute für ihre Jugend- und Musiksünden bald zur „Eule" machten. Ab 2001 unterzog sich das altehrwürdige und von historischer Patina geadelte Parkhotel Holzner einer Verjüngungskur, der Charme ist geblieben, ein empfehlenswertes Bistro bzw. Restaurant hinzugekommen.

Von Oberbozen führt die Freudpromenade vorbei an Ferienhäusern, Bauernhöfen, durch Wälder und entlang von Wiesen in rund eineinhalb Stunden nach Klobenstein. Oder in die andere Richtung nach Maria Himmelfahrt.

Was für die Baugeschichte des von Ludwig Mies van der Rohe erdachten Ferienhauses und der einst trendigsten Südtiroler

Disko im Riehlbau geblieben ist, kann dabei im Sinne von Alois Riehl fantasievoll mit einer Prise Philosophie weitergedacht werden, oder im Geiste einer leibhaftigen Eule, die bei völliger Dunkelheit den totalen Durchblick bewahrt, indem sie hinter sich blickt, ohne sich umzudrehen. Wer möchte das nicht können – beim Spazieren, beim Abtanzen oder beim Erstellen prophetischer Skizzen für ein Ferienhaus?

INFOS

Parkhotel Holzner, Dorf 18, Oberbozen, www.parkhotel-holzner.com, unmittelbar neben der Seilbahnbergstation

Hotel Ansitz Kematen, Kemater Straße 29, Klobenstein, www.kematen.it

Seilbahn Bozen–Oberbozen, Schmalspurbahn Maria Himmelfahrt–Klobenstein: www.suedtirolmobil.info

9

Land auf Leinwand

RITTEN, FANE ALM, MARMORBRUCH LAAS

Neuerdings setzt Südtirol auf den Wirtschaftsfaktor Film. Wer für Dreharbeiten und Produktionen Cash ins Land holt und eine erzählenswerte Geschichte für die lokale und internationale Kino- und TV-Landschaft zaubert, ist willkommen. Nicht immer ist das Land nur Kulisse, manchmal geht es auch um das Leben dahinter.

Begonnen hat alles mit dem im Passeiertal umgesetzten Kinofilm **Bergblut** des jungen Regisseurs Philipp J. Pamer, der die Geschichte des Tiroler Volkshelden Andreas Hofer erzählt. Damals reifte die Idee, den Sektor Film in Südtirol aufzuwerten und zu stärken. Mittlerweile werden jährlich Gelder ausgeschüttet, um Filmproduktionen – ganz nach den Regeln einer modernen Filmförderung – zu unterstützen. Das Positive daran: Teile des erwirtschafteten Kapitals fließen wieder in den Wirtschaftskreislauf des Landes zurück – ein Erfolgsmodell. Zum Handkuss kamen bislang auch außergewöhnliche Drehorte und wahre Geschichten, wie jene des Nobelpreisträgers Mario Capecchi. Die fast zur Gänze in Südtirol gedrehte Filmbiografie **Hill of Vision** geht unter die Haut. Der Film von Regisseur Robert Faenza erzählt die Geschichte des 1937 in Verona geborenen Mario, der mit seiner Mutter kurz nach der Geburt nach Wolfsgruben auf den Ritten kommt. Im Spannungsfeld der Eltern – die Mutter Lucy

Franz Rogowski als *Lubo*

Ramberg war Poetin und Antifaschistin, Vater Luciano überzeugter Faschist und Offizier der italienischen Luftwaffe – ist plötzlich kein Platz mehr für Mario. Nachdem die Mutter im Frühling 1941 verhaftet wird, kommt Mario als Pflegekind in eine Rittner Bauernfamilie. Als das vorgestreckte Pflegegeld verbraucht ist, muss Mario gehen, wird zum Straßenjungen in Bozen, der in Pfarreien oder bei anderen Bauern im Etschtal unterkommt. Viele Jahre später gelingt Mario Capecchi der Sprung vom Analphabeten zum Nobelpreisträger. Unglaublich!
Unfassbar auch der fiktive Plot zum Spielfilm **Lubo**. Er orientiert sich an vielen überlieferten Zeugnissen der jenischen Minderheit, die sich unter der lokalen Bezeichnung *Korrnr* über Jahrhunderte umherziehend im Vinschgau aufhielten. Für die dreiwöchigen Dreharbeiten wurde auch auf der malerischen Fane Alm im Valser Tal gedreht. Den jenischen Lubo verkörpert der Schauspieler Franz Rogowski. Hätte nicht der Malerpoet Luis Stefan Stecher vor Jahren den Jenischen mit seinen *Korrnrliadrn* ein literarisches Denkmal gesetzt, wären sie wohl komplett aus dem kollektiven Gedächtnis verdrängt worden.
Im Vinschgau angesiedelt ist auch der Film des aus Südtirol stammenden Regisseurs Ronny Trocker. Der zum Festival in Venedig eingeladene **Die Einsiedler** erzählt das einsame Leben in einer kargen Welt anhand nur zweier Drehorte: dem Marmorbuch in Laas, wo der Hauptdarsteller Andreas Lust arbeitet und einem Bergbauernhof, wo er mit seiner Mutter lebt. Auch der Spielfilm **Hochwald** der Regisseurin Evi Romen wurde zu einer erfolgreichen Filmgeschichte. Er begibt sich auf Identitätssuche im eigenen Land.

FILM AB!

Die erstmals 1987 als Bozner Filmtage geborene und inzwischen in Bolzano Film Festival Bozen umgetaufte Veranstaltung zählt mit neuem Namen und altem Charme, stets im April, zu den wichtigsten Südtiroler Kulturterminen.

Dass diese Produktionen nicht nur auf Festivals laufen, sondern auch im regulären Kinoprogramm, garantiert der Filmclub in Bozen. Seit Jahrzehnten ein Fixpunkt für lokale Cineasten und während des jährlich stattfindenden Filmfestivals im Frühling

Weißes Gold: Für *Die Einsiedler* mit Andreas Lust in der Hauptrolle wurde in Marmorbrüchen gedreht.

auch für ein internationales Publikum. Dann öffnet sich das kleine Bozen der großen Welt, zeigt selber, was es filmisch draufhat, und freut sich über die Geschichten, die die Gäste mit nach Südtirol und auf die Leinwand bringen.

INFOS

Filmclub Capitol Kino Bozen: Dr.-Josef-Streiter-Gasse 8/D, Bozen, www.filmclub.it

Film Commission Südtirol
www.film.idm-suedtirol.com/de/film-commission

Buchtipp: Luis Stefan Stecher: Korrnliadr. Gedichte in Vintschger Mundart (mit CD). Folio Verlag: Wien/Bozen

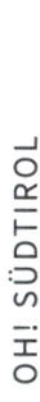

10

Nach oben, nach unten

GAMPENPASS, UNSERE LIEBE FRAU IM WALDE, ST. FELIX

Die Straße aus dem Etschtal hinauf zum Gampenpass führt seit Ende der 1930er-Jahre ins Nonstal und auf den Nonsberg. Je nach sprachlicher Sichtweise. Entlang der Strecke wurde ein Friedrich-Dürrenmatt-Krimi gedreht und in der Gemeinde Unsere Liebe Frau im Walde – St. Felix gibt es die Tradition der Totenbretter.

Ein Totenkult? Ein Mordfall im Wald? Das klingt alles etwas gruslig und auf den ersten Blick keineswegs einladend. Doch es braucht gar nicht so viel Mut für eine Fahrt auf der Gampenstraße nach *Val di Non,* wie Italienischsprachige sagen, bzw. auf den (Deutsch-)Nonsberg, wie Deutschsprachige die Gegend bezeichnen. Was jetzt? Die Wahrheit liegt wohl irgendwo in der Mitte der Bergkuppe, die in ein Hochtal führt. Für die Wissenschaft hatte diese Region gerade in den 1960/70er-Jahren eine besondere Bedeutung, da hier das anthropologische Standardwerk **The Hidden Frontier** entstanden ist, welches der Gegend, den Menschen und der alten Sprache *Nones* – eine dem Ladinischen ähnliche Sprache – ein Denkmal setzt. Bis heute pilgern Forschende in diesen Mikrokosmos an der Sprachgrenze und hören *Nones* in den Bars, Geschäften und auf dem Dorfplatz. Auch im deutschsprachigen St. Felix, wo das *Nones* von den älteren Menschen noch verstanden wird, war es einst unabdingbar für den Austausch mit den benachbarten Dörfern im Trentino, Tret oder Fondo.

„In fondo sono tutti uguali“ ist übrigens ein Satz, den der Kommissar Matthäi in der Verfilmung des kriminal-literarischen Meisterwerks **Das Versprechen** von Friedrich Dürrenmatt in einer italienischen Verfilmung fallen lässt, während er bei seinen Ermittlungen die Gampenstraße der ausgehenden 1970er-Jahre entlangfährt und über schlechte Krimis lästert, die „im Grunde *(in fondo)* alle gleich“ seien. Die Geschichte ist ein astreines Requiem auf den Kriminalroman.

Südtirols hermetischster zeitgenössischer Lyriker und Georg-Büchner-Preisträger ist zweifelsohne der aus Lana stammende Oswald Egger. Seine Eltern führten einst das Gasthaus am Gampenpass. Der Dichter kennt deshalb viele Geschichten rund um diese Verbindung. Die Gegend hat ihn geprägt und er beansprucht, derjenige Autor zu sein, der die Gampenstraße und den Pass am besten kennt. Sein Buch *Val di Non* wurzelt in dieser Landschaft.

ABENTEUERLICHE WEGE

Die Schlucht des Canyon Rio Sass in Fondo schneidet das obere Nonstal in zwei Teile. Seit 2001 ist sie dank Treppen, Leitern und Stegen begehbar. Ein Wagnis mit Spaßfaktor.

Nur wenige Meter nach dessen Scheitelpunkt befindet sich das **Museum Gampen Bunker.** Die Anlage wurde 1940 bis 1941 erbaut und war Teil der von Mussolini in Auftrag gegebenen, gigantischen, aber unvollendet gebliebenen Befestigungslinie *Vallo Alpino.* Heute ist eine große Mineraliensammlung Teil der Musealisierung. Die schmalen Gänge, die große Halle, die Schächte, die Ausstiege und wenigen Luken nach draußen erzeugen ein cooles Engegefühl. Kühl ist es übrigens auch. Immer so um die sechs bis acht Grad bei Zugluft. Die Gampenpassstraße führt weiter zu den Dörfern St. Felix sowie Unsere Liebe Frau im Walde, Ersteres mit idyllischem Waldsee, Letzteres eines der ältesten Wallfahrtsorte Tirols, mit inzwischen einem Hotel, das seit mindestens 1184 als Herberge für Pilger und Reisende diente.

Totenkult: Die sogenannten „Reachbretter“ führen durch sumpfige Wiesen- zu Verwandten, Bekannten oder Unbekannten ins Jenseits.

Passend zu Dürrenmatts Requiem ist auf diesem Hochplateau ein spezieller Totenkult mit beschrifteten Leichenbrettern belegt. Sie wurden einst in die sumpfigen Wiesen gelegt, um auf diese Weise eine Weile an die Namen, Jahreszahlen und Hofnamen der Verstorbenen zu erinnern und den Nachkommen trockenen Fußes das Überqueren einer nassen Wiese zu ermöglichen. Wer schon mal hier ist, sollte auch ins nahe Fondo, um gemäß dem Satz *„In fondo sono tutti uguali“* nachzusehen, ob dort tatsächlich „alle gleich“ sind.

INFOS

Gampen Bunker: Gampenstraße 12, Unsere Liebe Frau im Walde – St. Felix, Tel. 0463 530088
Felixer Weiher oder Tretsee (nur zu Fuß erreichbar): Restaurant Waldruhe, Tretsee 25, St. Felix, Tel. 368 7033743
Hotel Gasthof Zum Hirschen: Malgasottstraße 2, Unsere Liebe Frau im Walde, https://zumhirschen.com
Canyon Rio Sass: Nur mit Führung, Buchung erforderlich, Tel. 0463 850000, www.canyonriosass.it

11

Geheimnisvolle Blüten

LANA

Ob Jazz, Literatur oder Kunst. Das zwischen Meran und Bozen gelegene Lana lässt mit einem reichhaltigen Kulturangebot aufhorchen. Das kommt nicht von ungefähr und passierte auch nicht von heute auf morgen. Dass dabei manchmal zu geheimnisvolle Künstler eingeladen wurden, kann passieren. Bei aller Sorgfalt.

Das Festival *LanaLive,* kuratiert vom Künstler **Hannes Egger**, zählt zu den Fixpunkten im Kulturleben der Großgemeinde und darüber hinaus. Jeweils im Frühjahr versorgt es die Marktgemeinde mit einem breit aufgestellten Kulturprogramm. Egger ist künstlerisch schwer vorbelastet, wohnt er doch in einem Gebäude, das dem großen Wassily Kandinsky als Motiv für sein inzwischen unbezahlbares Werk *Lana* diente. Egger hat sich davon ganz legal eine Kopie anfertigen lassen – Copyleft aus gut nachvollziehbaren Gründen.

Wassily Kandinsky war mit der Künstlerin **Gabriele Münter** im Frühjahr 1908 mehrere Wochen in Lana gewesen. Wie sehr Umgebung und Pflanzenwelt die beiden beeindruckten, haben sie bildhaft festgehalten. So waren sie vor allem von der Blütenpracht der Apfelbäume begeistert, Münter bannte diese im

Bild *Baumblüte in Lana* ausdruckstark auf Leinwand. Erhalten hat sich auch eine Postkarte der beiden, die einen blühenden Kirschbaum in Kampill bei Bozen zeigt. Alles schien zu blühen, vor allem die Liebe. In Lana.

Die große Literatur zu würdigen war im Jahr 1988 auch die Idee des umtriebigen Inhabers des Buchladens, Paul Valtiner, sowie der um ihn versammelten „Bücherwürmer" gewesen. Mit einem Preis für Literatur im Namen des Südtiroler Dichters Norbert C. Kasers (1947–1978) sollte gleich im ersten Anlauf der damals angesagte **Bert Papenfuß-Gorek** (1956–2023) beehrt werden. Die Lyrik des Berliner Kneipenschriftstellers „war radikal und experimentell", erinnert sich Oswald Egger, einer der „Bücherwürmer", an die Zeit unmittelbar vor dem Mauerfall, „es war damals das weiteste – von Südtirol aus gesehen – wohin man sich wegdenken konnte". Aus den Gesprächen mit gewichtigen Persönlichkeiten der jungen, ostdeutschen Literatur- und Kunstszene hatten sich die „Bücherwürmer" von Lana aus Kontakte nach Ostberlin aufgebaut. Dann kam alles ins Rollen. Papenfuß reiste gemeinsam mit Dichterfreund Sascha Anderson an; als Flachländer suchten sie nach dem Brenner den vermeintlich direktesten Weg nach Lana, wählten aber nicht den schnellsten. Über den Jaufenpass gurkten die Großstädter zunächst durch eine sie herausfordernde Bergwelt und benötigten am Ende viel Nerv und Sprit, um rechtzeitig nach Lana zu gelangen. Wenige Jahre später stellte sich heraus, dass Sascha Anderson jahrelang als Stasi-Spitzel tätig gewesen war. Aus gutem Grund wird deshalb vermutet, dass in Berlin bisher noch nicht gesichtete Stasi-Dokumente aus Lana ans Tageslicht kommen könnten.

KUNST OUTDOOR

Ein einzigartiger Skulpturenwanderweg erstreckt sich kilometerlang über den Brandis-Waalweg, der Ländpromenade entlang bis zum Falschauer-Biotop sowie in die Gaulschlucht.

Aus dem *Verein der Bücherwürmer* ist inzwischen die Institution *Literatur Lana* gewachsen, die bereits mehrmals die Nobelpreisträgerin **Herta Müller** nach Lana holte, einmal sogar mit genialer Initialzündung: Im Zug vom Brenner nach Bozen sprach sie im Jahr 2002 intensiv mit dem Lyriker **Oskar Pastior** und setz-

te über dieses auf dem Weg nach Lana erlebte Gespräch erste Schritte für ihren Erfolgsroman *Atemschaukel*. Nachdem Pastior 2006 verstorben, Müller im Oktober 2009 der Nobelpreis für Literatur zugesprochen worden war, entpuppte sich 2010, zur Verbitterung der noblen Preisträgerin, dass auch Pastior als Spitzel gearbeitet hatte, und zwar für die rumänische *Securitate*. Schon wieder ein Spitzel und schon wieder Lana! Ob noch weitere Spitzel in Lana geheimes Wissen mit sich herumgetragen haben (oder tragen), bleibt ein Geheimnis – wie vieles in der Literatur.

INFOS

Buchladen Lana: Am Gries 5, Lana, buchladen.buchkatalog.de
Literatur Lana & Norbert-C.-Kaser-Lyrikpreis: www.literaturlana.com

12

Wetterfeste Naturfilme

VIGILJOCH, VÖRAN

Das Vigiljoch oberhalb von Lana ist Südtirols Zauberhügel und will nicht mit dem Auto erfahren werden, sondern nur per Fahrrad oder Seilbahn. Auf dem aussichtsreichen Hügel fügen sich viele kleine Hütten in die Wälder ein. Zuvorderst steht ein Hotel im zeitgenössischen Kleid, das einer umgestürzten Lärche nachempfunden ist.

Die offizielle Erschließung des einzigartigen Hügels wird mit 31. August 1912 festgemacht, als die Eröffnung einer Seilschwebebahn mit Buffet am Joch gefeiert wurde. Zum Anlass hatte der Künstler **Hans Weber-Tyrol** (1874–1957), der diesen Hügel bereits vor der ersten Bahnfahrt ausgiebig kennenlernen durfte, ein Postkartenset gestaltet. Die Motive dazu sind als nachgezeichnete Vergrößerung im Hotel Vigilius Mountain Ressort des Designers Matteo Thun zu sehen. Weber-Tyrol fertigte außerdem unzählige Skizzen zum Vigliljoch, Plakate für die Seilbahn und großformatige Bilder für die Wandelhalle in Meran – eines mit Blick vom Joch Richtung Süden und mit Kühen, ein anderes mit Urlaubsreisenden im Vordergrund und im Hintergrund die Südtiroler Bergwelt. Genau dieses Bild wurde zum Problem, denn die Kleider, in denen die großstädtischen „Fremden" idyllisch durch

65

Stube Ida, Vigilius Mountain Resort

die Bergwelt flanieren, missfielen einigen Kritikern derart, dass das Bild in der Wandelhalle abgenommen werden musste. Kamen die Herr- und Frauschaften einst in ihren modischen Großstadtroben in die Kurstadt und fuhren darin auch auf das nahe gelegene Vigiljoch, haben sich Touristen und Wandererinnen in Bekleidungsfragen mittlerweile relativ angepasst und setzen mit atmungsaktiven Shirts und Socken, knackig und knalligen Hosen auf uniforme und sportlich daherkommende Outdoorbekleidung, die sie dann auch gerne nicht nur auf dem Berg tragen, sondern eigenartigerweise auch in den Städten. No problem!

Mittlerweile fährt eine nagelneue Seilbahn von Lana auf das Vigiljoch, von dort geht es mithilfe eines nostalgischen Sessellifts weiter in die Höhe, oder auf leicht ansteigenden Pfaden und Wegen dahin, vorbei an schmucken Retro-Wochenendhäuschen zum Kern des kultigen Hügels, dem Wetterkirchlein St. Vigilius.

Wer vom Vigiljoch auf die gegenüberliegende Talseite blickt, kann den langgezogenen Tschögglberg erkennen, der im Gegensatz zum Vigiljoch nicht autofrei und über mehrere Routen erreichbar ist – ebenfalls über eine neue Seilbahn, die von Burgstall nach Vöran gondelt. Von dort gibt es zahlreiche Möglichkeiten die Landschaft zu erkunden, aber eine ist einzigartig und cineastisch zugleich. Sie ermöglicht den Blick ins Etschtal hinunter, hinein ins Meraner Becken und sogar auf den Zauberkulm Vigiljoch. Der Künstler Franz Messner hat hier sein ***Knottnkino*** auf 1.465 m Meereshöhe und den Porphyr des Rotsteins gesetzt. Das Freiluftkino verfügt über rund drei Dutzend klappbare Sessel und zeigt nur vermeintlich den immer gleichen Film in Endlosschleife und ohne Abspann. Das Panorama im natürlichen Lichtspieltheater ist phänomenal, die ruhige Akustik perfekt. Dramatisch wird das Kinoerlebnis bei Regen, Donner oder Schneefall. Dann sollte Publikum in nicht ausreichend schützender Bekleidung schnellstmöglich aus dem naturnahen Parkett stürmen, oder – wenn gut eingepackt – darauf hoffen, dass am gegenüberliegenden Hügel sich jemand findet, der in der Wetterkirche am Vigiljoch günstigere Verhältnisse herbeibittet. Im falschen Film sind Sie hier übrigens nie, außerdem ist das Naturfilmprogramm kostenlos.

SESSELKLEBER

Der nostalgische Einzelsessellift wippt seit Jahrzehnten von der Bergstation der Seilbahn über Lärchenwälder auf 1.814 m Meereshöhe – knappe 15 Minuten lang.

INFOS

Seilbahn Vigiljoch: Villenerweg 3, Lana, Tel. 0473 561333, www.vigiljoch.com

Vigilius Mountain Ressort, Stube Ida: Direkt an der Seilbahnbergstation, Tel. 0473 556600, vigilius.it

Gasthof Jocher: Am Fuße des St.-Vigilius-Kirchleins, Tel. 0473 556008, www.jocher.it

Seilbahn Vöran: Talstation Burgstall, Tel. 0473 278187, www.gemeinde.voeran.bz.it

Knottnkino: Parkplatz nahe dem Eggerhof an der Straße Hafling–Vöran

13

Von West nach Ost

MERAN

Für den Film über den Hitler-Attentäter Johann Georg Elser unter der Regie von Oliver Hirschbiegel wurde unter anderem in Terlan, Castelfeder, am Mendelpass und im historischen Gebäude des Ex-Bersaglio in Meran gedreht. Ein „Flaniergang" durch Meran im Zeichen des Antifaschismus.

Bersaglio heißt Schießscheibe. In Meran steht das treffsichere Wort für ein neues Kulturzentrum des traditionsreichen **Ost-West-Clubs**. Gegründet als Verein für ein Jugend-Kommunikations-Zentrum, musste der Club an wechselnden Standorten immer wieder darum kämpfen, sich über Wasser zu halten. Nach häufigen Differenzen am jüngsten Sitz in der Altstadt bot sich dem rührigen Verein die Möglichkeit, seine weit über die Stadt hinaus geschätzte Kulturtätigkeit im Gebäude eines ehemaligen Schießstands am anderen Ende der Stadt fortzuführen. Gesagt, getan.

Das *Ex-Bersaglio* war vor ein paar Jahren Drehort für den Spielfilm *Elser – Er hätte die Welt veränder*t. 13 Minuten zu spät detonierte am 8. November 1939 der Sprengstoffsatz beim Attentat des Schreiners und Widerstandskämpfers **Johann Georg Elser** auf den Führer und die gesamte Führungsspitze der Nazis. In den *Ex-Bersaglio*-Filmszenen verliebt sich der zunächst Ziehhar-

Gasthaus und Beachbar: Meteo

monika spielende Elser (Christian Friedel) in Elsa (Katharina Schüttler). Gemeinsam tanzen sie einen Tango vor dem Lokal und es geht mit viel Liebe in eine romantische Nacht.

Die Erzählung *Phantastische Nacht* verfasste **Stefan Zweig** Anfang der 1920er-Jahre, als er sich in der Kurstadt Meran aufhielt und betonte, wie sehr er die Meraner Welt liebe, die sogar imstande sei, innere Zerrissenheit auszugleichen. Der sich in den nachfolgenden Jahren ausbreitende Nationalsozialismus sowie die Angst, ihm nicht mehr entfliehen zu können, bewogen Zweig und seine Gattin 1942 zum Freitod.

Antifaschismus ist – in Meran und überall – unverzichtbar, dies unterstrich die Band WIZO bei einem Gig in Meran, indem sie ihre antifaschistische Haltung demonstrierte, als gerade in der halb deutsch- und halb italienischsprachigen Stadt autoritäre und nationalistische Winde aus zwei rechten Ecken wehten. Unweit des neuen Clubgebäudes lebte übrigens Südtirols bekannteste Mundartdichterin **Maridl Innerhofer**, deren Vater in Bozen – drei Wochen nach ihrer Geburt – von Faschisten ermordet worden war.

HINAUSSPAZIERT

Das Festival Asfaltart bringt immer im Juni Straßenkünstler:innen und noch mehr begeistertes Publikum in die Kurstadt. Auf den Straßen wird mit viel Schabernack und Körpereinsatz um die Gunst des Publikums gerungen.

Ein politisch korrekter Streifzug durch die Kurstadt mit Startpunkt im neuen Ost-West-Club führt zunächst die Josef-Speckbacher-Straße entlang, dann am Grand Hotel Bellevue rechts vorbei in die Freiheitsstraße, immer geradeaus, das Jugendstiltheater und das Kurhaus streifend, und weiter entlang der rauschenden Passer durch die Bogengänge der Wandelhalle bis zur ältesten bestehenden Brücke Merans, dem Steinernen Steg. Geradeaus weiter geht es am fein geführten Restaurant Meteo (mit sommerlicher Beach Bar) bis in die sogenannte Gilf, wo Stefan Zweig eine *Phantastische Nacht* erlebt hatte. Auf dem Rückweg ist ein Abstecher über das malerische Steinach-Viertel empfehlenswert, auch ein Besuch des städtischen Palais-Mamming-Museums. Über die Meraner Lauben mit dem Kunsthaus Meran geht es dann durch die Meinhardstraße retour, bis

Ost-West-Club

die Alpinistraße links abzweigt. Auf dieser wieder Richtung Grand Hotel Bellevue und zum Ausgangspunkt, in dem jede und jeder, unabhängig von Herkunft, Hautfarbe, Sprache, Religion oder sexueller Orientierung, willkommen ist.

INFOS

Ost West Club: Schießstandstraße 1, Meran, www.ostwest.it
Meteo: Restaurant und Beach Bar, Winterpromenade 51, Meran, www.cometometeobaby.it
Palais Mamming Museum: Pfarrplatz 6, Meran, www.palaismamming.it
Kunst Meran: Lauben 163, Meran, www.kunstmeranoarte.org
Asfaltart: asfaltart.it

14

Die Krux mit der Krax

BRUNNENBURG

Die Brunnenburg wacht schwindelerregend über Meran, blickt auf das touristisch überentwickelte Dorf Tirol und stützt mit ihrem Rücken das mächtige Schloss Tirol. Der Dichter Ezra Pound hat hier gelebt und gewirkt. Sind Burg und Pound wirklich nur stumme Zeugen im Rückspiegel?

Die beiden alten Gemäuer der Brunnenburg und von Schloss Tirol verband lange Zeit der Ethnologe und Autor Siegfried de Rachewiltz, der das Landesmuseum Schloss Tirol leitete und in der nahen, in seinem Besitz stehenden Brunnenburg ebenfalls ein Museum einrichtete, das sich der traditionellen Landwirtschaft und Kultur Südtirols widmet. De Rachewiltz, Enkel des großen Ezra Pound, kann zu allen ausgestellten und ausrangierten Objekten eine Geschichte erzählen, so auch zur Kraxe, einem Tragegestell für den Rücken, das einst auf der Brunnenburg nicht wegzudenken war, da die Menschen mit ihrer Hilfe all die Dinge hochschleppten.

Heute stehen im Vorhof der Brunnenburg Museumsbesucherinnen und -besucher mit Rucksäcken, haben Proviant dabei, eine Wasserflasche, Regenschutz und vielleicht das eine oder andere Buch. Wenn die dann über den schmalen, leicht ansteigen-

Ezra Pound sammelte Geldscheine aus aller Welt. Welchen Wert hatten sie für ihn wirklich?

den Aufgang und mit offenen Augen ins Schlossinnere treten, ziehen sie an einer Auswahl verschiedener Kraxen vorbei, ohne darauf zu achten, was sie selbst am Rücken mitführen; moderne Rucksäcke sind auch nichts anderes als eine Kraxe mit einem Sack. Türmt sich die Brunnenburg auch etwas fragil in die Höhe, sind die Ausstellungsexponate im Landwirtschaftsmuseum fest verankert in der Lokalgeschichte. Auch wenn beinahe vergessen.

Die Burg ist auch Gedenkort für **Ezra Pound** und würdigt sein Leben und Schaffen in einer kleinen überschaubaren Ausstellung einschließlich einiger Habseligkeiten seiner letzten Lebensjahre. Auch Geldscheine! Pounds Tochter fand solche immer wieder in der Bibliothek ihres Vaters, jedoch keinen Hinweis, dass er systematisch gesammelt hätte. Diente ihm das Papiergeld als Lesezeichen? Wer den Namen Pound trägt, muss sich wohl zwangsläufig – auch als Poet – mit Geld auseinandersetzen. Das würden wohl Menschen machen, wenn sie den Namen Lire, Kreuzer oder Euro trügen. Oder? „Sicher, er trägt den Namen der britischen Währung (Pfund) in seinem Zunamen, da kann man natürlich darüber lachen", erzählt Pounds Tochter Mary de Rachewiltz und auch davon, „dass ihn die Kinder seines Freundes James Joyce immer Signore Sterlina (ital. für britisches Pfund) genannt haben. Er hat sich einfach für Geld interessiert."

Sein Leben hat Pound in Literatur investiert und eine Zeitlang auch in Schwärmerei für Benito Mussolini. Heute machen Neo-Faschisten in seinem Namen über den rechtsradikalen Kulturanbieter *Casapound* daraus bare Münze. „Ich kann dagegen nicht wirklich etwas unternehmen" meint Pounds Tochter leicht verzweifelt. Mit seinem Haupt- und Lebenswerk, den *Cantos*, gelang es ihrem Vater zwar, die Menschheitsgeschichte genial in Verse zu schmieden, dass er nach politischen Verirrungen etwas verloren auf der Brunnenburg zurückblieb, bleibt ein wunder, stummer Punkt. „Einmal traf ich Ezra Pound auf der Brunnenburg. Es war das stummste Gespräch der Weltgeschichte", beschreibt der bedeutende Verleger und Schriftsteller Michael Krüger ein Treffen mit dem Poeten. Es war wohl alles schon gesagt.

EISKALTES VERGNÜGEN

Die Eisdiele Sabine in Dorf Tirol ist ein heißer Tipp für den kühlen Genuss. Die *Gelatieri* beliefern auch weitere Eisdielen der Umgebung. Übrigens: Zwei Kugeln sind immer besser als eine!

INFOS

Brunnenburg: Ezra-Pound-Straße 3, Dorf Tirol, www.brunnenburg.net
Schloss Tirol: Schlossweg 24, Dorf Tirol, www.schlosstirol.it
Eisdiele Sabine: Hauptstraße 23/G, Dorf Tirol, Tel. 0473 923516

15

„Ich war noch niemals in …“

SCHLOSS TRAUTTMANSDORFF, HOTEL AMAZONAS

Wer durch die riesige Gartenanlage von Schloss Trauttmansdorff spaziert, kann in eine immense Pflanzenwelt eintauchen – nicht aber in den dortigen Seerosenteich. Regelmäßig bespielen den Garten internationale Musikgruppen. Viele Nummern kleiner ist das Projekt Hotel Amazonas am Kunstbauernhof in Wangen auf dem Ritten. Doch es gibt überraschende Gemeinsamkeiten.

Der Maler **Manfred Bockelmann** kommt gerne nach Südtirol, vorwiegend ins Pustertal, wo er bereits seine Bilder ausgestellt hat. **Udo Jürgens** hat ihm 1977 das Lied *Mein Bruder ist ein Maler* gewidmet. Als Kinder kamen die beiden Brüder immer wieder nach Meran, um das Grab des Großvaters zu besuchen. Warum Meran? „Das Ganze spielte sich im Spannungsfeld einer Scheidung ab“, erzählt der Maler, „was damals ja eher ein Skandal war, und mein Großvater hat sich in Meran auch altersbedingt zurückgezogen, mit seiner neuen Partnerin.“ Sein Bruder, der Sänger, hat unzählige melodische wie melancholische Songs hinterlassen, einer führte mit dem Refrain „Wir sind schon auf dem Brenner / Wir brennen schon darauf / Wir sind schon auf dem Brenner / Ja, da kommt Freude auf“ sogar sportlich in

Das Kulturprojekt am Ritten macht von sich reden. Mal mehr, mal weniger. Mal lauter, mal leiser.

den Süden. Sportlich unterwegs sind auch die großen Udo-Jürgens-Fans **Sportfreunde Stiller**, die mehrmals in Südtirol rockten und für einen Video-Dreh mit Vespa und historischen Mofas die Brenner-Grenze überquerten. Einmal spielten sie bei sommerlichen Temperaturen unmittelbar vor der einstigen Winterresidenz der österreichischen Kaiserin Elisabeth (Sisi) – heute besuchenswertes Tourismusmuseum – in den malerischen Gärten von Schloss Trauttmansdorff auf der kleinen Bühne im Seerosenteich. „Ich weiß gar nicht, wo die Leute stehen sollen?“ fragte sich Sportfreunde-Bassist Rüdiger Linhof beim ersten Lokalaugenschein. In Trauttmansdorff werden nämlich Publikum und Bühne durch das Wasser des Teichs getrennt – ein *Stage diving* ist theoretisch möglich, allerdings eher unwahrscheinlich.

Der Jürgens-Hit *Vielen Dank für die Blumen* hätte natürlich allzu gut in den botanischen Garten gepasst, auch die Hymne *Ich war noch niemals in New York*, den die Band mit Udo Jürgens einst performte.

Die Stichworte Jürgens, Freiheit, Botanik und Musik passen auch zu einem anderen Ort in Südtirol, der sich den Kunstnamen **Hotel Amazonas** gegeben hat und in unmittelbarer Nähe zum wuchtigen Johanneskofel in der Sarner Schlucht zu finden ist. An dem markanten Felsen vorbeiziehend gelangen Kunstsinnige nach steilem Aufstieg von der Sarntaler Straße in knapp einer Stunde zum Aspmayr-Hof. Die Anfahrt mit dem Auto oder dem Fahrrad richtet sich hingegen eher an geübte Fahrkünstler:innen. Im Hotel Amazonas, wo regelmäßig Kultur- und Kunstinterventionen veranstaltet werden, ist auch der Wiener Liedermacher Voodoo Jürgens abgestiegen und hat dort eines seiner Alben musikalisch weitergedacht. „Ich wollte mich ein wenig abschotten", meinte er, denn da, wo er herkomme, sei „natürlich immer viel los und man muss verfügbar sein." Auf Anraten eines Bandkollegen kam Voodoo Jürgens zum Aspmayr-Hof, wo er in Ruhe an der Instrumentierung seiner Lieder arbeiten konnte. „Das Landleben hier erinnerte mich auch irgendwie an meine Kindheit.

HYMNE AN DIE FREIHEIT

Ich war noch niemals in New York von Sportfreunde Stiller und Udo Jürgens. Der Evergreen ist nicht nur in Meran oder New York sehr hörenswert.

Die Hotelierin Margareth Kaserer ist hier aufgewachsen, wie auch die vielen Kastanienbäume, die vom Kunst-Hotel aus ins Tal lachen. „Kunst kann das ganze Jahr über angebaut werden", sagt die Kunstbäuerin, „im Gegensatz zu manch anderen, wetterabhängigen Kulturen."

INFOS

Hotel Amazonas: Aspmayrhof, Unterwangen 18, Ritten, www.aspmayr.com
Die Gärten von Schloss Trauttmansdorff mit **Touriseum:** St.-Valentin-Str. 51A, Meran, www.trauttmansdorff.it

16

Lustige Wandmalereien

NATURNS, SCHLUDERNS, EPPAN, BURGEIS, BOZEN

Die Fresken im Kirchlein St. Prokulus in Naturns beschäftigen die Wissenschaft seit vielen Jahren. So kurios sie in ihrer Darstellung auch sein mögen, sie sind weitaus jünger als bisher angenommen. Was Fresken in Naturns und anderswo in Südtirol so erzählen, ist durchaus sehenswert. Und manchmal sogar lustig.

Der **heilige Prokulus** seilt sich auf der Flucht vor dem heidnischen Stadthalter Veronas ab – dargestellt als ob er auf einer Schaukel säße – und sucht das Weite. Flieht er wirklich? Oder schaukelt er nur? Die Wissenschaft hat den mutmaßlichen Fluchtversuch Dutzende Male untersucht und immer wieder auf unterschiedliche Weise interpretiert. Auch das Fresko daneben. Es zeigt eine lächelnde zwölfköpfige Rinderherde, zwei Hirten und einen schnaubenden Hund. Die Originalität des dargestellten Schutzpatrons der Rinder als „Schaukler", lockt ohne Zweifel mehr Menschen in die kleine Kirche als jeder noch so beliebte Priester mit einer rhetorisch ausgefeilten Predigt. Die Fresken in Naturns gehören auf jeden Fall zu den am besten erhaltenen des Frühmittelalters. Und schmunzeln darf man auch.

Für Heiterkeit im Freskenkleid sorgt auch eine (nicht öffentlich zugängliche) Narrenfigur im neu hergerichteten Waaghaus am Kornplatz in Bozen. Ein tanzender und Laute spielender Narr dokumentiert, welche ansehnliche Bedeutung er und seinesgleichen im Spätmittelalter und Renaissance genossen haben. Oder ist seine Darstellung etwa augenzwinkernde Warnung? Zum Waaghaus-Narren gesellen sich jedenfalls zwei Affen, typisches Symboltier für verschiedene menschliche Laster.

NÄRRISCHES TREIBEN

Ob *Zusslrennen* in Prad am Stilfser Joch oder *Pfluagziachn* in Stilfs. Während der Faschingszeit verlagert sich das närrische Treiben von den Wänden auf die Straßen.

Auch auf einem Kupferstich aus der Mitte des 15. Jahrhunderts, der im äußerlich unscheinbaren **Schloss Moos** in Eppan auf ein Wandgemälde übertragen wurde, werden Narren und Affen als Symbole für närrische Männer dargestellt und geraten aufgrund ihrer Triebhaftigkeit in die Fänge einer schönen Jägerin. Neben einem Fresko mit fruchtbaren Phallusbaum im Liebesgarten findet sich in Schloss Moos eine weitere kuriose Darstellung, die eine kriegerische Auseinandersetzung zwischen Katzen und Mäusen zeigt, wie wir sie aus der zeitnahen Zeichentrick-Serie *Tom und Jerry* kennen.

Ebenfalls in Eppan findet sich in der freistehenden Kapelle der **Burg Hocheppan** die Darstellung einer mittelalterlichen „Knödelesserin". Ob es wirklich Knödel sind, ist schwer zu sagen. Auch die frühe Abbildung eines sizilianischen *Arancino* kann nicht ausgeschlossen werden. Kugelrunde Fantasien sind jedenfalls willkommen.

Schloss Runkelstein, das gern als Bilderburg bezeichnet wird, kann in Bozen auch mit bestens erhaltenen Fresken aufwarten. Sie zeigen das höfische Leben und Ritterturniere. Von Bedeutung sind sie auch deshalb, weil sie nebenbei eine einzigartige Quelle für die Erforschung der Bekleidungsmoden des späten Mittelalters darstellen.

Was Mode ist und was nicht, darüber konnten die bunt gekleideten Narren und Närrinnen stets am meisten lachen, war es doch ihre Aufgabe, die Fassade ihres Gegenübers zu enttarnen,

Narr im Kulturhaus Waag in Bozen

indem sie wie Betrunkene oder Kinder schmerzlich ehrlich sein durften. Kurios ist in diesem Zusammenhang eine Narrenszene in der Churburg in Schluderns, in der ein Narr Eier ausbrütet, aus denen weitere kleine Narren schlüpfen und später von menschlich dargestellten Eltern eingefangen und in Säcke gesteckt werden. Ohne Zweifel, hier geht es um vernarrte Kindererziehung!

Eine letzte Narrendarstellung führt zur Holzdecke der St.-Nikolaus-Kirche in Burgeis, dem unmittelbaren Gegenstück der nur wenige Jahre älteren und stilistisch eng verwandten Holzdecke der Heiligkreuzkapelle im grenznahen Müstair. Grenzenloses Narrentum!

INFOS

St.-Prokulus-Kirche und Museum: St.-Prokulus-Straße 1a, Naturns, Tel. 0473 673139, www.stiegenzumhimmel.it

Museum Schloss Moos-Schulthaus: Schulthauser Weg 4, Eppan an der Weinstraße, www.moos-schulthaus.it

Burg Hocheppan: Hocheppaner Weg 16, Missian/Eppan, www.hocheppan.it

Schloss Runkelstein: Kaiser-Franz-Josef-Weg 1, Bozen, www.runkelstein.info Parkplätze am Fuß des Burghügels, Buslinie 12 und Shuttlebusse ab Waltherplatz (ca. 10 Minuten steiler Anstieg)

17

Auf Umwegen

MOOS

Das Dorf Moos, die Timmelsjochstraße, das Talmuseum und skurrile Reisegeschichten haben sich in die Landschaft des hinteren Passeiertales fest eingeschrieben. Ob zu Fuß, mit Bus, Fahrrad oder Auto: Die urige Berg- und Tallandschaft hält überraschende Erlebnisse bereit.

Für seine im Jahr 1825 unternommene *Fußreise durch Österreich* wanderte der Wiener Beamte und Alpinist Joseph Kyselak (1798–1831) auch über den Jaufenpass, durch das hintere Passeiertal und über das Timmelsjoch zurück ins Ötztal. Die Wasserscheide am Scheitelpunkt des Gebirgsmassivs beschrieb der Vorläufer der Graffiti-Kultur in blumigen und denkwürdigen Worten. „Kaum eine halbe Stunde voneinander murmeln die obersten Quellen des Passer- und Timmelsbaches. Durch mehrere hundert Meilen trennen sich diese erwachsenen Geschwister von ihrer Geburtsstätte. Sie fliehen einander von der ersten Entstehung bis zum Ende, welches aber gleich erhaben, gleich ruhmvoll ist." Ob Kyselak wie anderswo auch in dieser Gegend seinen Namen in großen Lettern verewigt hat? Bislang ist dazu nichts bekannt. Jedenfalls hat er einen schönen Gedanken hinterlassen.

Markant und einladend stehen hingegen sechs architektonisch gestaltete Stationen entlang der Straße übers Timmelsjoch in der Landschaft und zeichnen gewaltige Ausblicke aus dem

1955
SSE ZUR STRASSE DES FRIEDENS
ALLA STRADA DELLA PACE
SOLDI NON ERANO UN PROBLEMA, BASTAVA CHE FOSSE RAPIDO
1955
1956
100 KM

Der alte Übergang über das Timmelsjoch zieht nicht nur Biker an, sondern auch Anhängerinnen zeitgenössischer Architektur.

Passeiertal vor. Beim *Granat*, beim *Fernrohr*, im *Passmuseum*, im *Transit*, beim *Schmuggler* oder am *Steg* kann Halt gemacht werden, um jeweils und immer aufs Neue über zeitgenössische Architektur-Erfahrung in die Geschichte des Passeier- und Ötztals einzutauchen. Im kleinen Moos wartet in einer Bunkeranlage aus dem Zweiten Weltkrieg das **Mooseum** mit Interessantem zur lokalen Zeitgeschichte sowie einem Infopoint zum Naturpark Texelgruppe. In einem Gehege lassen sich Steinböcke aus nächster Nähe bestaunen.

Interessant sind auch zwei nicht einwandfrei geklärte kunsthistorische Marginalien, die lange im Verborgenen ruhten, aber im Hinblick auf die einst über die Talgrenzen hinaus bekannte Malerschule im Passeiertal nicht in Vergessenheit geraten sollen.

Etwa die Geschichte rund um eine bemalte Leinwandkulisse für die Pfarrkirche von Moos in Passeier, die als letztes Werk des spätbarocken Malers Joseph Haller (1737–1773) gilt. Er hatte sie nach seinem plötzlichen Ableben unvollendet hinterlassen, über zwei Jahrhunderte lang blieb das Werk unentdeckt. Vor wenigen Jahren tauchten die wertvollen Rollen in Moos auf und zeitgleich bemalte Figuren und Bilder in einer Schlosskapelle in Hadersdorf-Weidlingau am Stadtrand von Wien, die ebenfalls Joseph Haller zugeschrieben werden. Der hatte sich aber nachweislich nie in Wien oder Niederösterreich aufgehalten. Was tun, mit einer neuen Spur, die ins Nichts führt?

ÜBER STOCK UND STEIN

Ob von Moos nach Wien oder von Moos nach St. Leonhard – wer es lieber nah als fern hat, wandert aus dem Mikrokos-Moos am besten ganz ohne Umwege auf dem spektakulären Schluchtenweg entlang.

Das Rätsel wurde am Ende gelöst. Bei den Wiener Fundstücken handelte es sich um Überbleibsel aus einer früheren von einer Lawine zerstörten Kirche in Rabenstein, dem Nachbarort von Moos. Kunsthistorikerinnen rekonstruierten, dass Teile des alten Inventars dieser zerstörten Kapelle, gemeinsam mit einer weiteren Kapellenausstattung zunächst nach Schloss Aspang südlich von Wien verkauft wurden und später nach Hadersdorf-Weidlingau weiterwanderten. Was für Umweg!

Über den Umweg Rom und Venedig gelangte hingegen der Passeirer Johann Pichler nach Wien und hinterließ dort eine Engelsfigur mit Lanze an der Dreifaltigkeitssäule, der sogenannten Pestsäule am Graben.

INFOS

Timmelsjochstraße, die Erfahrung: www.timmelsjoch.com/de/die-erfahrung/

Mooseum: Pichl 37, Moos in Passeier, www.museum.hinterpasseier.it

Dorfgasthaus Lamm Mitterwirt: Eine würdige Abschweifung nach einem Ausflug ins hintere Passeiertal. Dorfstraße 36, St. Martin in Passeier, www.gasthaus-lamm.it

18

Höhen und Tiefen

VERNAGT, GRAUN, ORTLER

Wer ist dem Himmel näher? Südtirols höchster Kirchturm oder Südtirols höchster Berg? Die beiden wichtigen „Höhen" im (katholischen) Bergsteigereldorado Südtirol liegen im Vinschgau. Außerdem der am häufigsten fotografierte sowie ein in Vergessenheit geratener.

Ein *Konzert mit Störung* nannte der Künstler **Roman Signer** die von ihm erdachte Performance im Rahmen des alljährlich stattfindenden zeitgenössischen Kunst- und Musikfestivals *transart* im Jahr 2014. Am Vernagter Stausee füllte sich ein Wiesenhang mit einer Hundertschaft an Schaulustigen, die bei herrlichem Wetter und angenehmen Herbsttemperaturen auf ihren mitgebrachten Decken der Kunstaktion beiwohnten. Zunächst wurde der Pianist **Víkingur Ólafsson** zur Bühne geschifft und begann Alexander Skrjabins Klavierstück *Vers la flamme* zu interpretieren. Kurz darauf folgte Signers Kunstgriff in Form eines sich dem Pianisten herannahenden Helikopters. Rund acht Meter über dessen Kopf verweilte der Hubschrauber etwa eine Minute und flog dann weiter, durch das Schnalstal hinaus. Im Unterschied zu Alt-Graun am Reschensee im Oberen Vinschgau, wo der aus dem Stausee ragende Kirchturm für ein immer knalliges Fotomotiv sorgt, ragt in **Vernagt** kein Turm aus dem Wasser, auch wenn hier in den 1950er-Jahren acht Hofstellen samt dem Leiter-Kirch-

Kite_ Bar

Konzert mit Störung

lein geflutet wurden. Alljährlich im Frühjahr kann man Spuren der Fundamente und Reste des Turms sehen, ansonsten ist diese Geschichte samt Gebäude versunken und vergessen.

Ganz anders beim mittlerweile zum Südtiroler Foto-Hotspot geadelten Turm in Graun. Bis in die 2000er-Jahre gab es nur wenige Notizen zum Verschwinden der dortigen Häuser am Turm und noch weniger zum großen Wasser. Seitdem wurde die „aufgestaute" Geschichte von Graun mithilfe von Zeitzeuginnen und Zeitzeugen in Buch- und Filmprojekten genau dokumentiert. Sogar eine Reenactment-Animation macht es inzwischen möglich, durch das geflutete alte Dorf zu gehen. Der See ist heute ein Gewinn, der mit seinem Turm mindestens so wichtig für den Tourismus ist wie der Vinschger-Wind fürs Kitesurfen. Für diesen

windigen Sport wurde eine architektonisch gelungene Gebäudestruktur ans Ufer gesetzt. Mit kleinem Turm, ebenfalls ein Blickfang.

STAUEN UND STAUNEN
In knapp vier Stunden kann der historisch gut erforschte Stausee am Reschen zu Fuß umrundet werden. Gern auch im Laufschritt. Unterwegs gibt es Einkehrmöglichkeiten und schöne Perspektiven auf den Turm im See.

Neben den fotogenen und den vergessenen Kirchtürmen verfügt der Vinschgau in Schlanders auch über den höchsten Kirchturm. Er überragt mit 97 Metern alle anderen gemauerten Kirchtürme des Landes, liegt aber weit unter der Wahrnehmungsebene des Kollegen im Reschensee. Weitere (Kirchturm)-Spitzenpositionen führen nach Tramin (86 Meter) und zum „Dom auf dem Lande" (84 Meter) nach St. Pauls in Eppan.

Damit die Kirche im Dorf bleibt und die Gipfelkreuze auf den Bergen, wird in Südtirol viel unternommen. Einer, der sich eine gute Alternative für Gipfelkreuze ausdachte, war der in Bozen geborene und nach dem Architekturstudium in Wien nach Schweden ausgewanderte Visionär **Ivo Waldhör** (1931–2024). Anstelle eines Gipfelkreuzes imaginierte Waldhör kleine Rastplätze, die mit zeitgenössisch gestalteten, einfachen Sitzgelegenheiten versehen eine ästhetisch-atheistische Verschnaufpause ermöglichen.

Auch wenn bisher leider noch nicht umgesetzt, wären die Skizzen von Waldhörs Gipfelrastplätzen auf jeden Fall sehenswerte Ausstellungsobjekte in einem der Bergmuseen von Reinhold Messner, mit einem nachempfundenen Rastplatz davor. Aber auch das ist nur eine Vision.

INFOS

Transart: Kunst und Kulturfestival, www.transart.it
Museum Vinschger Oberland - Alt Graun: St.-Anna-Straße 10, Graun, Tel. 0473 633101
Messner Mountain Museum: www.messner-mountain-museum.it

Virtuelle Tour durch Alt-Graun:

Mächtige Malerei:
Der Riese in Tarsch lässt
einen zum Zwerg werden.

19

Hotelriesen

MARTELL, TARSCH

Südtirols Fremdenverkehrspionier der ersten Stunde war ein Wiener, hieß Theodor Christomannos und arbeitete mit mehreren Architekten und Büros zusammen. Groß gedacht und gebaut wurde zunächst in Sulden, Trafoi, am Pragser Wildsee, in Toblach, am Mendelpass und am Karersee.

Im Unterschied zum Schweizer Berghotel-Boom – der nur wenige Jahre vor jenem in Tirol einsetzte – punkteten die ersten großen Hotels hierzulande durch riesige Speisesäle und ein spezielles Marketing, das Ende der 1890er-Jahre immer mehr Gäste anlockte. Geködert wurden die Reisenden mit malerischen Inszenierungen, die der Künstler Tony Grubhofer (1854–1935) schuf, und damit gleichzeitig das erste touristische Bild von Südtirol kreierte, einem Influencer ähnlich, der auf Instagram wohl Abertausende Follower gehabt hätte. Wo immer Berghotels entstanden, sorgte der Künstler für die bildhafte Verzauberung.

Eine zweite Phase an großen Hotelbauten folgte in der Zwischenkriegszeit. Und da stechen gleich zwei gigantische Beherbergungsbetriebe ins Auge: das sogenannte **Hotel Paradiso** im Martelltal und das **Hotel Drei Zinnen** in Sexten/Moos (→ S. *159*). Während Letzteres noch gebucht und genossen werden kann, ist das andere bloß ruinös schön, aber seit Jahrzehnten ungenutzt.

Erdacht hat es der italienische Architekt und Designer Gio Ponti (1891–1979), nachdem er sich die bestehende Grand-Hotellerie in Südtirol zum Vorbild genommen hatte. Anhand seiner Analysen entstanden verschiedene staatliche Dekrete zur Förderung des Tourismus. Er studierte etwa die alte Gruebhütte im Tal, nahm Maß an den Zimmern und begutachtete die Bettenauslastung. Im *Albergo Sportivo Valmartello,* wie sein Hotel ursprünglich getauft wurde, reizte er Mitte der 1930er-Jahre auch seinen sehr speziellen farblichen Ansatz bei Werkstoffen voll aus und gestaltete die Hotelzimmer nach Haarfarben, indem er das Interieur, den Deckenanstrich, die Vorhänge und die Bettwäsche auf die Haarfarbe der Kunden abstimmte. Ein Farbenfetischist? Von außen leuchtet der enorme Hotelbau heute in dunklem Rot. Ist es das Rot einer Kirsche oder einer Erdbeere, wie es sie im Martelltal zuhauf gibt? Oder entspricht es der Haarpracht eines Iren oder einer Irin? Um den verbarrikadierten Bauklotz irren jedenfalls stets staunende Menschen, ebenso beeindruckt wie von der Plimaschlucht, die einem alten Weg folgt und mit der *Kelle,* der *Sichel,* der *Kanzel* und einer Hängebrücke neue und spektakuläre Aussichtsinstallationen bietet. Der Zufall will es, dass unmittelbar nach dem paradiesischen Hotel ein bequemer Wanderweg durch die Plimaschlucht zum alpinen Schutzhaus **Zufallhütte** und dem Museum Badhaus führt. In diesem „Lausoleum" wurden im Ersten Weltkrieg die an der nahen Front zu Italien eingesetzten österreichischen Standschützen von Plagegeistern befreit.

DIE BEEREN SIND LOS

Immer im Juni finden in Martell die Erdbeertage statt. Bis in den August hinein reifen im kühlen Hochtal Erdbeeren, außerdem Him-, Brom- und Heidelbeeren. Sie wachsen hier riesig.

Noch ein Zufall ist, dass sich nahe dem Taleingang von Martell, in Tarsch, ein weiterer – gemessen an den Proportionen des Dörfchens – imposanter historischer Hotelbau steht und sich bezeichnenderweise **Zum Riesen** nennt. Die Tradition will es, dass hier die Frauen das Sagen haben. Gemeinsam mit ihrer Schwester hat die Hausherrin den Umbau des alten Pilgerhauses umgesetzt. Und so ist das ehrwürdige Gemäuer nicht nur eine Riesen-

Verfall in Martell: Der wuchtige Hotelbau ist zur Ruine verkommen. Immerhin zu einer sehenswerten.

freude für alle, die historische Bausubstanz mit zeitgenössischen Architekturakzenten schätzen, sondern auch für jene, die keine Übernachtung im flotten Hotel buchen, sondern lediglich eine gute Pizza im Erdgeschoss essen. Natürlich eine riesige.

Hotel Riesen Tarsch: Vinschgauer Straße 20, Tarsch/Latsch, www.zumriesen.it

Plimaschlucht: Vom Parkplatz ganz am Ende der Fahrstraße ins Martelltal, vorbei am ehemaligen Hotel Paradiso durch die Schlucht in rund eineinhalb Stunden zur Zufallhütte.

Zufallhütte: Martell, www.zufallhuette.com

20

Bücher, Brüche, Pflastersteine

LAAS

Wer über die gleißend weißen Pflastersteine der toskanischen Kleinstadt Carrara spaziert, mag berechtigterweise weniger an das kleine Marmordorf Laas im Südtiroler Vinschgau denken. Dabei gibt es eine Beziehung zwischen den beiden Marmorgegenden, die weit über das „weiße Gold" hinausreicht.

„Ich erinnere mich mit Freude daran, wie beglückend das für mich war, dass sich sogenannte Experten mit meinem Buch ernsthaft auseinandersetzten – mit dem was ich geschrieben hatte. Und dann war ich ja auch noch im Mamorbruch! In den nasskalten Kathedralen – unvergesslich," bemerkte der Schauspieler und Autor **Joachim Meyerhoff**, als er mit seinem Romandebüt *Alle Toten fliegen hoch* in Laas seinen ersten Literaturpreis in den Händen hielt. Seit 2007 wird im kleinen Ort alle zwei Jahre in memoriam des Schriftstellers **Franz Tumler** (1912–1988) ein Literaturpreis für Romanerstlinge verliehen.

Der in Bozen geborene Autor lebte zwar die meiste Zeit seines Lebens in Berlin, besuchte aber regelmäßig seine Verwandten in Laas, wo sein Vater herstammte. Mit seinem Romanerstling *Das Tal von Lausa und Duron* zog der junge Tumler Mitte der

1930er-Jahre große Aufmerksamkeit auf sich, auch die Nazis schätzten und förderten ihn – eine Tatsache, die ihn nach Kriegsende belastete.

Zum Vorbild für die junge Literaturszene wurde Tumler mit hervorragenden Büchern wie *Volterra*, das in die Toskana führt. Dort, genauer in der Provinz Massa-Carrara, ist eine weitere denkwürdige Laaser Geschichte angesiedelt. Kurioserweise erlebte der dortige Tourismus der 1950er-Jahre seine Anfänge durch das Zutun des in Laas aufgewachsenen **Mario Giuntoni** (1925–2018), Sohn eines Steinbrucharbeiters, dessen Vater in den 1930ern, zur Zeit des faschistischen Regimes, nach Südtirol versetzt worden war und dort mit anderen Arbeitern die Marmorindustrie und die Italianisierung Südtirols vorantreiben sollte. In Laas besuchte der kleine Mario – wie gezwungenermaßen auch die deutschsprachigen Kinder – die Grundschule in italienischer Sprache, außerhalb kommunizierte er aber mit seinen Vinschger Freunden auf Deutsch, bzw. im ortsüblichen Dialekt. Der Junge mit dem blonden Haar und den blauen Augen wurde aufgrund seines Aussehens und seiner perfekten Zweisprachigkeit auch *Tedesco* gerufen. Als um 1955 wieder erste Touristen aus Deutschland in die Toskana reisten, stieg der aus Laas zurückgekehrte deutsche Italiener zum Tourismus-Pionier auf. Er vermittelte den gewinnbringenden Wirtschaftssektor in die *Apuanischen Alpen* – dank seiner politisch nicht vorgesehenen bilingualen Schulzeit in Laas.

WEISSES GOLD

Für eine Marmor-Erlebnistour ins faszinierende Innere des Berges sind Kondition, Trittsicherheit, entsprechende Kleidung, Proviant, Getränke und die termingerechte Anmeldung in Laas Voraussetzung.

Die Schule in Laas besuchte auch einer der Väter der in den späten 1960er-Jahren sich behauptenden neuen Südtiroler Literatur, **Norbert C. Kaser** (1947–1978), allerdings nicht als Schüler, sondern als Lehrer. Wie Meyerhoff und Tumler hat er ebenfalls in Laas Literaturgeschichte geschrieben. Sein Gedicht *Laas für Marijke* ist sein Eintritt in die Literatur. Es entstand im Herbst 1967, im ersten Unterrichtsmonat auf dem Balkon einer kleinen Laaser Wohnung, in der mehrere Lehrer und Lehrerinnen unter-

St. Sisinius ist unter den kleinen Kapellen eine der Großen.

gebracht waren. „Ich saß auf einem Stuhl und er setzte sich neben mich auf den Boden. Dann fragte er plötzlich, ob er etwas in mein Tagebuch hineinschreiben dürfe. Zunächst wollte ich das nicht, aber er hat es dann doch gemacht. Ich war sprachlos, er schrieb es in einem Guss“, erinnert sich Marijke Zingerle Jahrzehnte später. Mit Kaser war sie gerne im Gasthof Krone eingekehrt oder zum nahegelegenen Kirchlein **St. Sisinius** spaziert. Beides ist heute immer noch zu empfehlen. Am besten in angenehmer Begleitung. Oder mit einem guten Buch.

St. Sinisius: Das romanische Kleinod ist vom Parkplatz beim Freibad St. Sinisius in nur wenigen Minuten erreichbar. Vinschgaustraße, Laas
Gasthof Krone: Hauptplatz 10, Laas, Tel. 0473 621117
Marmor-Erlebnistour: www.marmorplus.it

21

Literarische Erstbesteigung

STILFS, GOMAGOI, SULDEN

Zu seinem 40. Geburtstag hielt der Schriftsteller Thomas Bernhard 1971 sein neustes Buch in den Händen. Es umfasst drei Erzählungen, von denen zwei in Südtirol spielen. In Stilfs und in Sulden. Hier suchte und fand der missgelaunteste österreichische Schriftsteller Ruhe. Immerhin.

Am Donnerstag, 18. März 1971 war **Thomas Bernhard** für eine Lesung in das Kurhaus Meran gekommen. Mit dabei hatte er sein neuestes Buch mit dem Titel *Midland in Stilfs*. Wie bereits bei einem vorangegangenen Auftritt in Bozen, zeigte er sich enttäuscht über die Anzahl der Besucher. Bei beiden Lesungen bestritt er ein Minimalprogramm, in Meran unter dem Vorwand, dass der alte Boden und die alten Stühle im Saal knarrten und ihn störten. Dabei hatte Bernhard in Südtirol Ruhe gesucht und sie Jahre zuvor in Stilfs, im Gasthaus Sonne, auch mehrmals gefunden. Ende der 1960er-Jahre hatte er sich aus gesundheitlichen Gründen in der erhabenen hochalpinen Gegend verschanzt. Seine Zeit in Stilfs bezeichnete er im Rückblick „als die glücklichste seines Lebens", was man gut nachvollziehen kann, wenn man heute durch das ruhige, auch für Südtiroler Verhältnisse pittoresk steil gelegene Dorf spaziert. Die Erzählung *Midland in Stilfs* dreht sich um zwei (vermutliche) Halbbrüder, die auf dem abgeschiedenen Hof in Stilfs leben. „In Stilfs den Hebel ansetzen, die Welt verändern!“, schreibt Bernhard darin. Was für ein Leitspruch!

Die Erzählung *Am Ortler. Nachricht aus Gomagoi* handelt ebenfalls von zwei Brüdern, von ihren Gesprächen und den Vorfällen beim gemeinsamen Aufstieg Richtung Ortler. Ihr Ziel ist eine kleine Sennhütte auf dem Scheibenboden, die ihnen von den Eltern hinterlassen wurde. Nach dem Erscheinen des Erzählbandes war Verleger Siegfried Unseld überzeugt, dass dieses Buch zu seinen Lieblingsstücken der *Bibliothek Suhrkamp* zählen würde. Und auch Bernhard erklärte Unseld, dass *Midland in Stilfs* „außen und innen“ ein sehr gutes Buch geworden sei, an dem er tagelang die größte Freude gehabt hätte. Bernhard lässt viele Orts- und Flurnamen in seine Texte einfließen und verkettet sie mit seinen fiktiven Bruder-Geschichten. So auch den Namen *Laganda*, wie sich das alte Gasthaus direkt an der Straße nach Sulden nennt. Es verfügt über eine alte im Jugendstil gestaltete Veranda mit einem riesigen Wandgemälde, das das Ortlermassiv detailreich darstellt. Im Unterschied zu Reinhold Messner, der ebenfalls in diesen Jahren mit seinem später verunglückten Bruder den Ortler bestiegen hat, scheitern Bernhards Figuren, eine endet sogar im Wahnsinn. Die beiden etwas schwermütig anmutenden Erzählungen sollte man – ob der ganzen Tragik – mit Humor lesen. Bernhard ist ein Clown, im Wolfspelz.

KURVEN OHNE ENDE
Die Stilfser-Joch-Straße führt schlangenartig in die hochalpine Bergwelt und ist das absolute Highlight der frühen Straßenbaukunst in Südtirol. Schwindelerregend geht es nach oben. Ein Abenteuer allemal!

Das alte **Gasthaus Sonne** ist heute zu einem Hotel herangewachsen und gehört zum festen Bestandteil des kleinen Dorfes. Am Gasthaus Laganda hat sich hingegen nicht viel verändert, die Veranda ist saniert und vielleicht nutzt die Besitzerfamilie den schönen Raum schon bald für einen Hofladen. Nur 30 Minuten Fußweg vom Laganda entfernt findet sich im Restaurant Waldruhe eine lohnenswerte Einkehrmöglichkeit mit schönem Blick auf den Ortler.

Vom Gletscher gezeichnet: In der Jugendstil-Veranda des inzwischen geschlossenen Gasthauses Laganda sind die höchsten Berge des Landes aufgemalt.

INFOS

Hotel Sonne: Dorf 29, Stilfs, www.stilfs.it
Laganda: Hauptstraße 8, Sulden
Restaurant Hotel Waldruhe: Forststraße 1, Sulden, www.waldruhesulden.com

22

Glaube, Bio, Hoffnung

MATSCH, SCHLUDERNS, MALS

Der Obere Vinschgau eignet sich besonders für Erhebungen natürlichen Inventars. Hier werden sensible Tier- und Pflanzenarten erfasst und es wird untersucht, wie diese auf Veränderungen des Klimas und der Landnutzung reagieren. Zwei besondere Bauernkapellen zieren den Eingang des Matscher Tals. Die eine mit heutiger Architektur, die andere mit einer gestrigen Legende.

Sie ist der Jungspund unter den vielen alten bäuerlichen Hofkapellen in Südtirol. Gemäß dem Spruch, wonach Glaube Berge versetzen könne, glaubt man an ihrem, für eine Kapelle ungewöhnlichen Panoramafenster, dem Ortler näher zu sein als dem Bauernhof daneben, dem Gialhof. Die Kapelle steht auf Privatgrund und ihr will entsprechend respektvoll begegnet werden. Und zu Fuß. Geweiht ist sie dem heiligen Bernhard, Schutzpatron der Bergsteiger. Die Entfernung zur weitaus früher erbauten und beinahe in Sichtweite gelegenen Kapelle am Lechtlhof ist hingegen weit größer, als man glauben möchte, denn zwischen beiden liegt das Matscher Tal mit seinem Bergsteigerdorf Matsch.

Etwas *too much* ist die Zuschreibung „Klein-Tibet“ für Matsch. Tibetische Gebetsmühlen haben hier nämlich keine Tradition, spektakuläre Kapellen hingegen schon. Hinzugekommen ist die Tradition von Langzeit-Studien zur lokalen Biodiver-

Um Gottes Willen: Die Kapelle am Lechtlhof

sität. Wiesen, Weiden, Wälder und die Bachläufe im kargen Tal mit seinem Wassereinzugsgebiet, das vom Gletscher der Weißkugel bis nach Schluderns reicht, werden genau beobachtet und die Ergebnisse statistisch erfasst. Auch am Taleingang liefert die Natur rund um den Lechtlhof regelmäßig neue Erkenntnisse für das Biodiversitätsmonitoring. Unter dem etwas sperrigen Schlagwort wird hier vom sozio-ökologischen Langzeitforschungs-Standort Matschertal und der Eurac in Bozen Grundlagenforschung im Gelände betrieben, die in politische Entscheidungen einfließen und zu nachhaltigen Klimaplänen führen sollen.

Gegen Ende des 14. Jahrhunderts wird der Lechtlhof – damals noch mit rätoromanischem Namen – erstmals erwähnt. 200 Jahre später findet er sich auf einem seltenen historischen Gemälde wieder und wird weitere 200 Jahre später von französischen Militärs abgefackelt. In der Folge wird er wieder aufgebaut und die Kapelle aus dem 17. Jahrhundert 1855 erweitert. Ihr wird eine Legende zugeschrieben, die allemal spektakulärer ist als die ohnehin schon ereignisreiche Hofgeschichte. Sie handelt von einer Bäuerin, die sich über die vorgeschriebene Wochenbett-Ruhe hinwegsetzt, indem sie das Haus verlässt, um Mann sowie Knechte und Mägde zum Essen zu rufen. Dabei kommt ihr ein wilder Stier in die Quere, der sie auch noch anspricht! Auf Rätoromanisch oder im Obervinschger Dialekt? Kann sein, dass die Frau nur Spanisch verstanden hat, Genaueres ist nicht überliefert. Jedenfalls soll sie der Stier verschont haben, weil sie zufällig auf einem Karwendelstock, d.h., auf Wildem Thymian stand. Und zwar genau dort, wo heute die Kapelle „Maria Empfängnis" am Lechtlhof steht, der als Biobergbauernhof mit Übernachtungsmöglichkeit bewirtschaftet wird.

Nur einen Steinwurf von Hof und Kapelle finden sich eine wunderbare und in Südtirol leider viel zu selten gewordene Magerwiese – mit einer Fülle an Lebensräumen für kleine und große Tiere, die einen bei so viel Reichtum an Natur – im Gegensatz zum legendären Stier – sprachlos zurücklassen. Unten an der Talmündung wartet das Vintschger Museum und ein neuer Naturerlebnispfad im Schludernser Biotop, wo sich an 19 Stationen die Aulandschaft erkunden lässt.

WEHRHAFT SCHÖN

Jährlich im August finden in Sichtweite der Churburg die Südtiroler Ritterspiele statt. Die bunte Reise in die Vergangenheit lohnt sich nicht nur für Familien und Mittelalter-Freaks.

INFOS

Gialhof: Gial 13, Schluderns; in der Nähe des Vinschger Höhenwegs gelegen.
Lechtlhof: Muntatschinig, Mals, www.lechtlhof.it; am Vinschger Höhenwegs gelegen. Im Frühjahr und Herbst Hofführungen mit Besichtigung der Lechtlkapelle. Anmeldung: Ferienregion Obervinschgau, Tel. 0473 831190
Die Kapellen am Gial- und Lechtlhof sind in bäuerlichen Privatbesitz; dementsprechend sind die Grundstücke nur zu Fuß und mit Respekt zu betreten.
Vintschger Museum: Meraner Straße 1, Schluderns, www.vuseum.it
Südtiroler Ritterspiele: Schluderns, www.ritterspiele.it
Biodiversity Monitoring: biodiversity.eurac.edu
LTER: Netzwerk für ökologische Langzeit-Forschungsstandorte: http://lter.eurac.edu/de/

23

Flüchtige Begegnungen

BRENNER

Nachdem der Weg über den Brenner eine der niedrigsten und am leichtesten zu überquerenden Routen über die Alpen darstellt, ist er auch der meist befahrenste Alpenpass. Er trennt das seit 1918 geteilte Tirol und verbindet seitdem Österreich und Italien. Und Sie können stoppen und shoppen.

Heute sind es fast 30.000 Fahrzeuge, die täglich über den Brenner brettern. An einem Maitag 1902 war es lediglich ein Automobil gewesen. „Wir hatten fortwährend die schönste Aussicht nach allen Seiten und genossen sie in unserm offenen Wagen, der alle Steigungen ohne Schwierigkeiten nahm, nach Herzenslust", berichtet der Schriftsteller und Kulturjournalist Otto Julius Bierbaum im ersten Autoreisebuch der deutschen Literatur, das er unter dem angenehmen Titel *Eine empfindsame Reise im Automobil* ein Jahr später herausgibt. Reiseberichte über den Brenner gab es natürlich schon vorher, und auch nach Bierbaum sollten noch viele folgen. Über legale und illegale Grenzüberschreitungen.

Der Schriftsteller **Ilija Trojanow** beschreibt beispielsweise in seinem Buch *Nach der Flucht,* wie er als staatenloser Student über den Brenner fahren wollte, grob zurückgewiesen wurde

In Südtirol finden sich aus historischen Gründen viele Bunker.

Welcome Money: Im Shoppingtempel am Brenner lässt sich viel Geld ausgeben, aber auch schnurstracks daran vorbeiziehen.

und daraufhin die Grenze in einem Lkw illegal passierte. Jahre später meinte er dazu selbstsicher: „Wenn ein Mensch keine Alternativen hat, seine Würde und sein Überleben zu sichern, ist sein Handeln legitim, auch wenn es gegen die Gesetze verstößt.“ Im Bericht über seinen Vater *Der Tote im Bunker* machte der wie Trojanow vielgereiste Autor Martin Pollack von sich reden, nachdem ihn eine Recherche unter anderem zu einem kleinen Bunker unmittelbar an die Brennergrenze führte, in dem sein leiblicher Vater, der ehemalige SS-Sturmbannführer und Mitarbeiter der Gestapo, Gerhard Bast, im März 1947 tot aufgefunden wurde. Ermordet von einem Schlepper. Dass der Pass nicht nur im Tal überquert werden kann, belegen historische Grenzpfade links und rechts des kleinen Dorfes, sie führen in die Berge und über die grüne Grenze.

Das Dorf Brenner ist ein architektonisches Sammelsurium. Zahlreiche Bemühungen, dem historisch gewachsenen Bauensemble mit einem vermeintlich heilsbringenden Outlet-Tempel und einer monumentalen Raststation im Kleide eines Museums europäischen Geist einzuhauchen, scheiterten. Trotzdem lohnt der unaufgeregte Gang durch das alte Dorf bis zum Grenzstein oder in eine Bar, um dort den ersten italienischen Espresso zu genießen. Oder den letzten. Je nachdem.

Seit dem Wegfall der Grenzbalken sind Ein- und Ausreise (mit Ausnahmen) unproblematisch. Die meisten Autos rasen über den Pass, am häufigsten natürlich Grenzpendler und Grenzpendlerinnen. Dicht gefolgt werden sie im Ranking zur Passüberquerung nicht von treuen Stammgästen, sondern von Südtiroler Studierenden, die in Innsbruck die Universität besuchen und so oft es geht, nach Südtirol fahren, um mit frischer Wäsche, Spaghetti und etwas Speck und Schüttelbrot wieder an den Studienort zurückzukehren. So auch ein Student, der auf der alten Brennerstraße Ende der 1990er-Jahre, einen Tag bevor der Grenzbalken unter großem Medienrummel abmontiert wurde, mit seinem Auto auf ebendiesen auffuhr. Kurzer Aufruhr. Dann ließen die erschrockenen Grenzpolizisten den eingeschüchterten Studenten weiterfahren. Auf dass alle Grenzbalken und -schrecken ein baldiges Ende nehmen würden.

BRENNENDE ITALIEN-SEHNSUCHT

Mit einem Coversong von Adriano Celentanos *Azzurro* im Gepäck brettern die Die Toten Hosen 1990 in den Süden, am Brenner machten sie Halt, werden gefilzt und wechselten D-Mark gegen Lire.

INFOS

Raststation-Museum Lanz-Plessi: an der Autobahn A22, www.lanz-suedtirol.it

Grenzstein: am Kreisverkehr unmittelbar neben dem Outlet Center

Outlet Center Brenner: St.-Valentin-Straße 9/A, Brenner, www.outletcenterbrenner.com

24

Gegensätzliche Talschaften

PFITSCH, PFLERSCH

Das Pfitschtal und das Pflerschtal sind zwei vom Wipptal abzweigende Täler. Das eine geht – je nach Fahrtrichtung – rechts, das andere links ab. Während sich das eine breit und offen erschließt, wird das andere immer enger. Von steilen Berghängen flankiert werden beide. Auf in die falsche Richtung!

Die Frage nach der richtigen Richtung kann manchmal eine verfängliche sein. Im Fall von Pfitsch und Pflersch kann einem das Gehirn auch schon mal einen Streich spielen und so kann es passieren, dass man sich eines der beiden Täler für eine Wanderung vornimmt und aus auch neurowissenschaftlich nicht näher erklärbaren Gründen in dem falschen landet. So ähnlich ist es der österreichischen Popsängerin Christina Stürmer mit zwei anderen gleichlautenden Ortsnamen ergangen. Sie reiste für ein Auftritt zunächst nach Taufers im Münstertal, war aber in Sand in Taufers gebucht. Während das eine im Westen zu suchen ist, liegt das andere im Osten. Stürmer stürmte mit ihrer Band vom falschen Zielort gute zweieinhalb Autostunden zum richtigen.

So weit voneinander entfernt sind Pflersch und Pfitsch nicht, zu nah sind sich die beiden benachbarten Pf-Täler und

Geteilt: Auf der Europahütte sind die (Staats-)Grenzen fließend und friedlich.

müssen deshalb das Trennende als wichtiger erachten als das Verbindende. Doch es gibt Ausnahmen. Zwei Kräuterbauernhöfe stemmen seit einigen Jahren mit dem Gemeinschaftsprojekt **Kräutergärten Wipptal** erfolgreich eine talübergreifende Zusammenarbeit: der im Pfitschtal gelegene Steirerhof und der Botenhof in Pflersch. Die Partnerschaft entwickelte sich im wahrsten Sinn des Wortes zu einer florierenden Geschäftsidee. Die beiden Höfe vertreiben Tee- und Gewürzmischungen, Säfte, Liköre und Kosmetikprodukte. Daneben organisieren sie Kräuterwanderungen und Freiluft-Veranstaltungen mit Kunst und Musik. Eine Zäsur erlebte das Vorzeigeprojekt am 16. August 2021, als rund um den Botenhof buchstäblich die Welt zusammenbrach. Anhaltender Starkregen ließ den kleinen Pflerscher Gebirgsbach zum reißenden Fluss werden, Bäume, Schlamm und

Wassermassen vernichteten den Hofladen samt Lagerraum sowie die Gärten nahe dem Wohnhaus – ein Albtraum für die Betreiberfamilie, aus dem es kein Erwachen gab. Doch sie erlebte in den darauffolgenden Tagen und Wochen eine ungeheure Solidarität und so strahlt heute der Hof in neuem Glanz. Die Geschichte ist Beleg, dass gegen Naturgewalt zwar kein Kraut gewachsen ist, aber zumindest der vom Anarchisten Peter Kropotkin vor über einem Jahrhundert propagierte Evolutionsfaktor der „gegenseitigen Hilfe“, die in Pflersch aufblühte wie eine artenreiche Blumenwiese.

Gegenseitige Hilfe ist in anderer Form auch im gegenüber blühenden Pf-Tal gefragt, wo nicht nur europäisch Gesinnte auf steinigem Weg die Europahütte (2693 m) erklimmen können. Die Wanderung zum legendären Schutzhaus ist von Südtiroler Seite über das Pfitscher Joch oder von St. Jakob in Pfitsch aus möglich. Warum diese Schutzhütte besonders ist? Ein Teil des Hauses liegt auf italienischem Staatsgebiet (Küche), der andere Teil auf österreichischem (Schlafräume). Das stört hier niemanden, sondern verbindet! Hier weht neben den Flaggen von Nationen, Kontinenten und Regionen auch die bayerische Fahne, nachdem das Schutzhaus 1899 von der Landshuter Sektion des Deutschen Alpenvereins erbaut wurde. Very international. Europa lässt grüßen! Und die gegenseitige Hilfe!

WER BREMST VERLIERT

Auf drei Rädern, ohne Lärm und Gestank: Mit wendigen Mountaincarts geht es im Skigebiet Ladurns sicher, aber rasant durch den Wald hinab ins Tal.

INFOS

Kräutergärten Wipptal: www.biowipptal.it
Steirerhof: Hintere Gasse 152, Wiesen/Pfitsch
Botenhof: Pflersch 89, Brenner
Europahütte: Innerpfitsch, Pfitsch, www.europahuette.it
Skigebiet Ladurns: Pflersch, Brenner, www.ladurns.it

Eine runde Sache

STERZING

Sterzing ist die nördlichste Stadt Italiens. Einst Ort an der Gabelung mehrerer Wege in den Süden ist das ehemalige Handelsstädtchen für viele bloß Durchzugsort und Mautstation, wo im Grunde jeder Halt macht – kurz oder lange.

Wie bitte? No! Vipiteno! Die Verballhornung der italienischen Bezeichnung für Sterzing zählt zu den abgedroschenen Wortwitzen Südtirols, aber sie ist für Menschen, die sich zu den Südtiroler Ortsnamen kundig machen wollen, immer wieder ein Genuss, den sie sich wie ein *gelato* auf der Zunge zergehen lassen. Hat der Begriff überhaupt historische Wurzeln? Tatsächlich soll es in Vorzeiten eine römische Station mit dem Namen *Vipitenum* in dieser Gegend gegeben haben. Für die Faschisten Grund genug, um im Zuge der Italianisierung Südtirols diese Bezeichnung zu bemühen. Die Geschichte der Stadt wird in einem wuchtigen Gebäude, einer alten Deutschordenskommende unweit der Autobahn-Mautstelle, nacherzählt. Die Ursprünge führen zurück auf ein Marienhospiz für Arme und Pilger, Ende des 13. Jahrhunderts. Später fiel das Haus dem Deutschen Orden zu, war mal Spital, mal Altenheim und erlebte Höhen und Tiefen. Bis 1977. Nach der Aussiedlung der letzten Insassen ins neue Krankenhaus von Sterzing war für den geschichtsträchtigen Bau eine neue Zweckbestimmung gefragt und nicht einmal ein Jahrzehnt später wur-

de der Ostflügel des Gebäudes zum Sitz des Multschermuseums. Es ist benannt nach dem Maler und Bildhauer Hans Multscher, der mit einem spätgotischen Flügelaltar einst die Sterzinger Pfarrkirche beglückte. Multscher hat ihn Mitte des 15. Jahrhunderts vollendet und die Tafeln von Ulm nach Sterzing überführen lassen. Nach 300 Jahren mussten sie einem Barockaltar weichen. Erst viel später wurde der wahre Wert der Tafeln erkannt und einer Restaurierung unterzogen. Nachdem sie Mussolini 1940 dem Reichsmarschall Göring schenkte, kehrten sie erst nach Kriegsende zurück über den Brenner, zunächst in die Uffizien nach Florenz und schließlich wieder ins Wipptal.

Rundum sehenswert ist eine Wandmalerei im Grafenzimmer des Museums, wo sich an den vier Wänden in leuchtenden Farben eine 360-Grad-Ansicht des Sterzinger Talkessels mit kulturhistorisch interessanten Details auftut. Im Zentrum des Zimmers stehend, eröffnen sich längst verschwundene Perspektiven, auch auf die Gegend, wo sich inzwischen die Mautstelle breit macht und der Verkehr zu Stoßzeiten zur Blechlawine mutiert. Gestaut hat es sich hier auch früher. Um 1500 gab es auf der Verkehrsader von Nord nach Süd (und umgekehrt) „Schlangen" von Fuhrwerken. Bis zu 500 Wagen schlängelten sich an Spitzentagen durch die alte Fuggerstadt, wie Sterzing immer noch gerne bezeichnet wird. Ende des 15. Jahrhunderts war nämlich die Augsburger Handelsfamilie der Fugger in Sterzing stark präsent und erlangte auch dank ihres Engagements im lokalen Bergbau enormen Reichtum und Einfluss. Die Patina dieser Jahre ist in Sterzing an den malerischen Fassaden der Altstadt erkennbar.

Wer nach dem Rundumblick ins frühere Sterzinger Land den Fuß in die Gegenwart setzen will, macht sich am besten auf dem Gaismair-Rundweg ein Bild vom heute. Entlang des Weges kommen historisch Interessierte auch an der Ortschaft Tschöfs vorbei; hier wurde 1490 der Bauernsohn Michael Gaismair geboren wurde, der vor fünf Jahrhunderten bei den Bauernaufständen eine wichtige Rolle einnahm. Aber Achtung! Der 13 km lange Wanderweg verläuft nicht nur eben, es gibt kurze steile und unebene Passagen. Wie im richtigen Leben.

EISIGES UND HIESIGES

Fünf Autominuten sind es vom Multschermuseum in die Eis.Werk.Statt Hiesig. Auch wenn es das Hiesig-Eis für Leckermäuler an mehreren Verkaufsstellen gibt, hier – und nur hier – wird das hiesige Eis hergestellt.

INFOS

Stadt- und Multschermuseum: Deutschhausstraße 11, Sterzing, www.sterzing.com
Gut & Gerne: Feinkostladen, Neustadt 32A, Sterzing, www.gutundgerne.it
Hiesig. Eis.Werk.Statt: Hauptstraße 6, Gasteig, Ratschings, www.hiesig.it
Gaismair-Rundweg: Faltblatt zum Download unter www.sterzing.eu

26

Nutzlose Zeitzeugen?

FRANZENSFESTE

Mit der Festung Franzensfeste hatte Habsburg Großes vor. Im ursprünglich vorgesehenen Sinn genutzt wurde der gigantische Bau nie wirklich, stand hingegen verlassen und vergessen in der Landschaft. Aufpoliert zum Landesmuseum und mit Infopoint zum Großprojekt Brennerbasistunnel versehen, bunkert der Monsterbau: Zeitgeschichte!

In den Jahren zwischen 1833 und 1838 fertigten über 6000 Menschen nach Plänen des Heeresingenieurs Franz von Scholl eines der unnötigsten Bauwerke Tirols. Die mächtige Konstruktion nimmt einen Quadratkilometer Fläche ein und galt ursprünglich als modernste Fortifikation; aber schon ab den 1880er-Jahren wusste niemand so recht, was mit dem riesigen Bollwerk anfangen. Es diente als Pulverlager, zunächst dem österreichisch-ungarischen, nach dem Ersten Weltkrieg dem italienischen Heer, dann, in den Jahren 1943 bis 1945 nutzten es die Nationalsozialisten als Depot für Raubgüter. Sogar Gold soll dort gehortet worden sein.

Nach Kriegsende schlummerte der massive Bau einen trägen Dornröschenschlaf, bis 2005 das Militär endgültig auszog und die Kultur ein. Die Festung wurde Austragungsort der europäischen Biennale für zeitgenössische Kunst *Manifesta*, anschließend folgte die große Landesausstellung Freiheit, und seitdem ist sie Magnet und Veranstaltungsort für zahlreiche kulturelle Bemühungen. Das riesige Areal ist Erlebnisort, insbesondere die Raumerfahrung beim Erklimmen des gewaltigsten Treppenhauses weit und breit. Nichts für schlechte Nerven. Die Festung beherbergt temporäre und permanente Ausstellungen zu Kunst und Südtiroler Zeitgeschichte. Seit Kurzem auch zur Geschichte des sogenannten ***Vallo Alpino***, dem militärischen Verteidigungssystem aus der Zeit des Faschismus mit Tausenden von Bunkern entlang der Alpen vom Ligurischen Meer bis zur Adria. Die Hintergründe und Standorte der vielen Südtiroler Bunker präsentiert die zum Landesmuseum geadelte Festung in einem über Jahre andauernden und kürzlich abgeschlossenen Forschungsprojekt, welches die Bunkerlandschaft Südtirols mit modernen Mitteln zugänglich macht.

MAULWURFSGEFÜHLE
Bunker Nr. 3 ist einer der Bunker nahe der Franzensfeste. Heute ist er ein Schaubunker und kann im Rahmen von Führungen besichtigt werden.

„Linea non mi fido" (Verteidigungslinie des Misstrauens) wurde der von Mussolini in Auftrag gegebene *Vallo Alpino* im Volksmund spöttisch genannt, den der *Duce* aus Argwohn gegenüber seinem Verbündeten Hitler in den 1930er- und 1940er-Jahren errichten ließ. Allein in Südtirol planten die Faschisten rund 800 Bunker, am Ende realisierten sie etwas mehr als 300 als Rohbauten, weitere 150 blieben Baustellen. Auch in der näheren Umgebung der Festung finden sich kleinere und größere Bunkeranlagen, die ebenso nutzlos blieben, wie die 100 Jahre zuvor errichtete Festung. Herrschte zu den über das Land verteilten Verteidigungswerken jahrzehntelanges Stillschweigen, können Interessierte inzwischen online und im Rahmen einer Ausstellung mit Touchscreen-Feeling spielerisch und dreidimensional durch die Bunkerlandschaft navigieren, hineinzoomen, klicken und viele unbekannte Details erkunden.

Der Wort- und Performancekünstler Matthias Schönweger hat sich vor einigen Jahren an die 50 Bunker zum Schnäppchenpreis angeeignet, präsentiert darin gerne seine Arbeiten und Wortspiele, bzw. stellt die leerstehenden Gemäuer für Kulturzwecke zur Verfügung. Somit werden die Bunker mittlerweile immer wieder für Ausstellungen genutzt und nach Jahren des nutzlosen Dahinsiechens sind sie präsenter als je zuvor.

„Südtirol erlebte und erlebt insgesamt drei Großprojekte", bestätigt Bunkerologe Haimo Prünster und zählt „den Alpenwall aus den 1930er-Jahren, die Brennerautobahn aus den 1960er-Jahren und den Brennerbasistunnel (BBT)" auf. Letzterer hat seinen Infopoint in der Festung. Ganz so nutzlos wie einst, ist sie also doch nicht.

INFOS

Festung Franzensfeste: Brennerstraße 9, Franzensfeste, www.franzensfeste.info. Anmeldung für Bunker 3: vermittlung@franzensfeste.info

BBT-Infopoint: Brennerstraße 9, Franzensfeste, www.bbtinfo.eu

27

Das große Fressen

NEUSTIFT

Ein von unzähligen geschichtsträchtigen Episoden geprägtes Kloster ist das Augustinerchorherrenstift Neustift. Teil des Komplexes ist ein auffälliger, zylinderförmiger und von Zinnen gekrönter Turm. Erbaut im Mittelalter als Teil eines Verteidigungssystems ist die Engelsburg heute Ort für Veranstaltungen.

Der Künstler **Paul Renner** aus Vorarlberg war nicht nur viele Jahre Assistent des Aktionskünstlers Hermann Nitsch, er war auch über mehrere Monate gastarbeitender Künstler auf dem Klosterareal von Neustift. Dort gestaltete er mehrere Arbeiten, etwa im Inneren der prachtvollen Engelsburg einen gigantischen Fressturm, ähnlich einer sogenannten *Cuccagna*, wie es sie beispielsweise im 17. Jahrhundert gab und wo es darum ging, von einem schlüpfrig gemachten Baum die besten Früchtchen zu pflücken. Renners inzwischen abgebaute Installation im alten historischen Rundbau hat sich als künstlerische Weiterführung mit der Arbeit *Hortus Sancti Augustini* einen permanenten Platz im neuen Museumzubau sichern können. Entlang des Aufzugs geht es von durch Rost und Harz verfestigten Weinrebenblättern, Zweigen, Gräsern und Früchten aus dem Klostergarten – wie bei Fressturmbesteigungen – nach oben. Und wieder hinunter.

Neustifter Bernstein: Er leuchtet im dunklen Kellergewölbe wie Orangensaft in der Sonne.

Über das Fußvolk, die Arbeiterinnen und Arbeiter, die fleißigen Hände in den Weinbergen und Wäldern des Eisacktaler Chorherrenstifts, war lange Zeit wenig bekannt. Doch in der Ordnung des Stiftsarchivs aus dem Jahr 1747 finden sich Eintragungen abseits des alltäglichen Klosterlebens der geistlichen Herren. Diese zeigen das Stift als weitgehend autarken Wirtschaftsbetrieb und führen zahlreiche Dienstboten an, die ihre Tätigkeit auf dem Klosterareal ausübten. Man liest über den Gastmeister, die Konventköchin, den Pförtner, den Müller, die Spülerin, die Fuhrknechte, den Holztrifter, oder den Metzger.

Auch darüber, was der hohen Geistlichkeit zum Essen gereicht wurde. An „Fleischtagen" gab es sowohl mittags als auch abends fünf deftige Gänge, mit Suppe, einer Vorspeise, dann Kalbskopf, Kraut, Schinkenfleisch und geselchtes Bratl. Abends dann wieder fünf Gänge. Am freitäglichen Fasttag gab es mittags ebenfalls fünf Gänge, abends hingegen nur vier.

HÖRGLOCKEN

Im Museum kann man den nachgesprochenen authentischen Erzählungen ehemaliger Arbeiterinnen und Arbeitern im Kloster lauschen. Das Hör-Erlebnis schwebt wie ein Heiligenschein über dem Kopf.

Für das vor wenigen Jahren aufwendig neugestaltete Museum fertigte Paul Renner ein fiktives und funkelndes Bernsteinzimmer. Dazu verwendete er Baumharz, welches er mittels einer speziellen Technik ausgekocht und auf Blattgold gegossen hat. Die zusammengefügten goldorange-leuchtenden Platten mit den imaginären Rauchschwaden zieren einen freigelegten Kellerraum im neu gestalteten Museumszubau.

Freigelegt wurde auch ein fernöstlicher Freskenzyklus, der im Vorraum der riesigen und weitum bekannten Stiftsbibliothek bestaunt werden kann. Die zutage getretenen Wandmalereien sind Zeugnis für die im Barock und Rokoko charakteristische Asien- und China-Begeisterung in Europa. Die großformatigen Landschaftsbilder zeigen asiatische Pflanzen, Architekturen, Figuren und Darstellungen sorglosen Landlebens.

Wer in Neustift von Hunger und Durst geplagt ist, setzt sich in den Stiftskeller oder in eines der Gasthäuser der Umgebung, zum Beispiel den **Köferer**. Um mit Maß für Bäuchlein und Brieftäschchen diesen so heiligen Platz zu genießen.

INFOS

Kloster Neustifft: Stiftstraße 1, Neustift/Vahrn, www.kloster-neustift.it (auch Übernachtungsmöglichkeit)
Kőfererhof: Weingut und Restaurant, Pustertalerstraße 3, Neustift/Vahrn, Tel. 0472 836649, www.koefererhof.it

Bärenstarke Mischung

BRIXEN

Lachen sei die beste Medizin. Das mag auch für Südtirol zutreffen, aber wenn es um die richtige Medizin oder feinste Kräutermischungen geht, bringt sich fachgerecht das Pharmaziemuseum ins Spiel, in dem Fundstücke und dazu passende Geschichten gesammelt und erzählt werden – stimulierende, aberwitzige und heilsame.

„Für mich war das zuerst ein Buch mit gepressten Pflanzen", erzählt Oswald Peer und blättert in dem uralten Herbarium, das sich im Besitz der Apothekerfamilie Peer befindet. Erst nachdem er vor Jahren den Schriftzug *Angermann* entdeckt hatte, wurde ihm klar, dass es sich hier um eine ursprünglich aus Padua stammende Pflanzensammlung mit größtem Seltenheitswert handelte. Dazu sei an dieser Stelle erwähnt: Als *Anger* wird in Südtirol eine kleine Grasfläche bezeichnet, außerdem nennt sich ein Pop-Duo aus Brixen ebenfalls *Anger*. Eine Überdosis *Anger* in Brixen?

Johann Baptist Angermann stammte nicht aus Brixen, sondern aus Innsbruck, promovierte 1653 in Padua und nutzte die Gunst dieses Standorts für sein Pflanzenbuch, denn über Venedig kamen viele Pflanzenarten nach Italien, der Garten in Padua „fungierte damals wie eine Prüfstation" führt Elisabeth Peer fort,

Gesunder Abstecher: Der Musiker und Künstler Rummelsnuff in der Stadtgalerie in Brixen

die an der Seite ihres Mannes Oswald das kleine Museum federführend zum Vorzeigehaus entwickelte. Das umfangreiche Werk Angermanns mit fast 950 Pflanzen wurde inzwischen restauriert und digitalisiert und die überarbeiteten Erkenntnisse können an einer Infostation mit Touchscreen bequem studiert werden. Auch das älteste in Südtirol nachweisbare Cannabisblatt ist im Reigen vertreten. Ganz legal! Etwas jüngeren Datums als das Angermann-Herbarium sind die Notizen von **Heinrich Heine** zu Brixen. „Die Schafe trippelten nach ihren Ställen, die Menschen nach den Kirchen; überall beklemmender Geruch von häßlichen Heiligenbildern und getrocknetem Heu“, stellte er 1822 etwas schroff und nicht sonderlich einladend fest. Ob den Brixnerinnen und Brixnern der alte Heine-Sager immer noch auf der Leber liegt? Was tun dagegen?

Viel frischer und zeitnaher gestaltete sich ein Besuch eines Künstlers und Seemanns, der vor kurzem nach Brixen kam, um dort sein Publikum nicht mit einem *Hoi*, sondern einem *Ahoi* zu empfangen. Im Zusammenhang eines am Stadtplatz vor der Stadtgalerie in Brixen abgehaltenen Konzerts von **Käpt'n Rummelsnuff**, der mit vielen Liedern im Gepäck angereist kam, meinte dieser, dass er sich „mit Brixen, seiner uralten Tradition und der traumhaften Bergkulisse verbunden fühle, wie dem Meer und den Flüssen." Sehr anregend!

Noch anregender für einen lieblichen Umgang mit Brixen, eignen sich auf jeden Fall wundersame Heilpflanzen und feine Gewürzmischungen aus dem Pharmaziemuseum-Fundus, wo vor Jahren sogar die reizende Mischung *Erotisches Curry* angepriesen wurde, welche sich aus Kurkuma, Paprika, Tomaten, Koriander, Zimt, Knoblauch, Chili, Kardamom, Ingwer, Schwarzem Pfeffer, Vanille, Kaffeebohnen, Fenchel, Kümmel, Nelken und Muskatnuss zusammensetzt. Sowie eine Dessert-Mischung für einen süß-duftenden Seitensprung, mit Rosenblüten, Vanilleschoten, Tonkabohnen und Kokos. Brixen ist ebenfalls eine gute Mischung. Versuchen Sie sie es einfach!

GIGANTISCHER PFLANZENFRESSER

Seit rund 500 Jahren steht der „Elephant" in Brixen für einen Vorzeigegastbetrieb. Neben dem aufgemalten Tier über dem Hoteleingang finden sich im Inneren zahlreiche kunstvoll gefertigte Elefanten-Souvenirs aus aller Welt.

INFOS

Pharmaziemuseum Brixen: Adlerbrückengasse 4, Brixen, www.pharmaziemuseum.it
StadtGalerie Brixen: Große Lauben 5, Brixen, www.brixen.it
Hotel Elephant: Weißlahnstraße 4, Brixen, www.hotelelephant.com

29

Schmucke Schätze

KLAUSEN, LAJEN

Sind es die Enten eines Künstlers? Ist es das Geschenk einer spanischen Königin? Oder das dichtgedrängte mittelalterliche Häuserensemble? Das kleine Klausen hat auf engstem Raum mehr Perlen zu bieten als manche Großstadt. Ob das mit dem Kupferstich *Das große Glück* des alten Meisters Albrecht Dürer zusammenhängt? Eine Schatzsuche.

Kloster Säben thront über dem malerischen Städtchen Klausen im Eisacktal, das mit seinem historischen Bauensemble durchaus Freilichtmuseumsqualitäten mitbringt. Hier findet sich historisches Flair und sogar ein nur drei Meter breites Wohnhaus mit Seltenheitswert. Vor eineinhalb Jahrhunderten wurde Klausen offiziell zum Künstlerstädtchen. Allen voran der Maler Alexander Koester (1864–1932) war es, der mit seinen Enten-Bildern die Künstlerkolonie in Klausen international verankerte. Eine Auswahl an Koesters Werken ist im Stadtmuseum zu bestaunen, wie auch jener Schatz, der aus unzähligen, feingearbeiteten Gegenständen, Bildern und Tuchwaren besteht und die Stadt Mitte der 1980er-Jahre ungewollt in die internationalen Medien brachte: der Loreto-Schatz! Dreiste Diebe hatten einen beachtlichen Teil dieser Sammlung entwendet, nachdem sie zunächst die öffentliche Beleuchtung der Stadt gekappt hatten und anschließend unbeobachtet und ungestört an ihr Diebesgut kamen. Beim

Loreto-Schatz handelt es sich um das wertvolle Geschenk der spanischen Königin Maria Anna an ihren Beichtvater in Klausen, Pater Gabriel Pontifeser, in neuzeitlichen Vorzeiten. Aus Dankbarkeit und als Draufgabe gab es noch die Kapuzinerkirche und das Kapuzinerkloster. Mittlerweile sind die gestohlenen Bilder und Gegenstände wieder aufgetaucht und Teile des wertvollen Geschenks sind wieder im Stadtmuseum zu sehen.

BEKLEMMENDES FERIENHAUS

In Südtirols schmalstem Haus – es wurde 1418 erstmals urkundlich erwähnt – können Sie übernachten. Am besten mit einem lieben Menschen. Und frei von Klaustrophobie.

Einen Schatz fand auch der Musiker und Autor **Rocko Schamoni** in Klausen vor. Ein Mädchen, das es ihm angetan hatte. „Es sind Erinnerungen zärtlicher Natur", erinnert er sich im Nachhinein, als er auf seinen Aufenthalt in jugendlichen Jahren in Klausen angesprochen wird. Er und ein Reisefreund waren als Tramps in der Künstlerstadt gestrandet und waren ein paar Tage dortgeblieben. Rasch lernten sie eine Gruppe von Klausner Mädchen kennen, welche die beiden Gäste ein paar Tage liebevoll versorgte. Abends waren sie unter der nahen, über die Köpfe hinwegziehenden Autobahn zusammengesessen und hatten Bier getrunken. Schamoni war insbesondere von einem dunkelhaarigen Mädchen fasziniert gewesen, weil sie die ganze Zeit über Wortspiele aus dem Ärmel schüttelte. Schamoni verliebte sich, die baldige Weiterreise kam den jungen Liebenden aber zuvor. „Wir haben uns nie wieder gesehen. Aber im Kopf behalten habe ich sie."

Mehr Glück als Schamoni mit seiner Wortakrobatin hatte Klausen mit einem Kupferstich von Albrecht Dürer aus dem Jahr 1494, der spiegelverkehrt eine Ansicht der mittelalterlichen Kleinstadt zeigt. Im Herbst 1920 reiste auch die Berliner Dadaistin und Collagekünstlerin Hannah Höch hierher, nutzte die Gelegenheit, ins nahe Villnößtal zu fahren, vor allem aber hoch über der Stadt das Kloster Säben zu besuchen. Ein Ort, der mit seinem wunderbaren Weitblick – neben den vielen Schätzen Klausens – der wohl wunderbarste ist.

Vorhang auf: Das Festival „DingsDo“ steht für vieles. Vor allem aber für Gemütlich- und Natürlichkeit.

Bei einem weiteren Schatz aus der Umgebung Klausens ist man sich bis heute nicht sicher, ob er einer ist: Der mittelhochdeutsch dichtende Singer-Songwriter Walther von der Vogelweide soll vom nahen Vogelweiderhof in Lajen stammen – oder aus Würzburg oder aus dem böhmischen Dux oder aus Feuchtwangen oder … Der Hof liegt nahe der Grödner Straße, kurz vor der Abzweigung zum Weiler Lajen-Ried; in Lajen gibt es sogar ein kleines Museum für Walther, das Minnehus. Sowie Südtirols nachhaltigstes Festival.

INFOS

Stadtmuseum Klausen: Auf der Frag 1, Klausen, www.museumklausenchiusa.it

Minnehus: Museum für Lokalgeschichte, Dorfplatz 3B, Lajen, www.minnehus.com

Altstadtferienhaus: Altstadt 54, Klausen, www.altstadtferienhaus-klausen.de

Dings.do-Festival: Lajen, dingsdo.com

30

Freischwimmen im Wald

BARBIAN

Oberhalb von Barbian im Eisacktal stehen verdächtig viele Häuser verstreut im Wald. Sie wurden im familienfreundlichen Stil errichtet und ergeben ein naturnah in die Landschaft gesetztes Ensemble, das auch den Architekten Peter Zumthor veranlasste, Pläne für eine mögliche Erweiterung zu entwerfen.

Johanna Settari (1851–1931) und ihr Mann **Heinrich** (1837–1896), der durch Handel mit Seide und Porzellan zu Wohlstand gekommen war, kauften im fernen Jahr 1871 den Gasthof Bad Dreikirchen und erschlossen wenig später Schritt für Schritt den dahinterliegenden Berghügel. Johanna gebar 15 Kinder und genauso viele Häuser ließ die „Bergmutter" für den Nachwuchs errichten. Im Zentrum des Bauensembles liegt das vor wenigen Jahren aufwendig renovierte Haus Settari, die anderen historischen Baujuwele ducken sich ringsherum. Ganz im Sinne des Testaments der Bergmutter werden „keine Zäune errichtet", erzählt Johanna Fink. Sie zieht gegenwärtig die Fäden auf diesem Hausberg. Ihre Urgroßmutter Johanna war einst auch die Anstifterin für das heute noch nicht mit eigenem Auto erreichbare **Hotel Briol** gewesen. Es ist der Gipfel des Häuschen-Ensembles und wer ihn

Kaffeemühle im Wald

erreicht, wird überrascht sein, wie schnörkellose Architektur sich ganz natürlich in die Landschaft bettet. Wer sich hier zur Bettruhe begibt, ist gesegnet und wird erkennen, dass es für richtige Wohlfühloasen gar keine vier oder fünf Sterne braucht, sondern nur schlichte Essenz. Hier ist auch Südtirols erstes Freischwimmbad daheim. Eine waschechte Sensation.

Weniger sensationell verlief ein Lebensabschnitt des Hotel-Erbauers Hubert Lanzinger, Künstler und Schwiegersohn von Johanna Settari. In Künstlerkreisen angesehen, entwarf er neben dem einfachen und funktional gelungenen Hotelbau wenig später auch ein Porträt von Adolf Hitler sowie das Führer-Mosaik in der Aula der Universität Innsbruck. Seine Nähe zum Reich ist erschreckend und nicht rückgängig zu machen. „Ein ideologisch verrannter Künstler schuf einen Ort, der die Menschen besänftigt“, schreibt dazu der Kulturjournalist und Autor Matthias Dusini in seinen Reisebeschreibungen zu seinem Lieblingsort in Südtirol. Auch der berühmte Architekt Lois Welzenbacher ist mit dem **Mimi-Settari-Haus** – einem kleinen Gebäude in Form einer übergroßen Kaffeemühle – auf dem Hügel vertreten. Es fügt sich gleichberechtigt in das umgebende Wald- und Wiesenstück und markiert trotzdem mit Nachdruck den Flecken.

„Obwohl ich eigentlich wenig baue, gibt es viele Leute, die Freude daran haben, an der Art und Weise, wie ich arbeite“, meint der Schweizer Architekt **Peter Zumthor** selbstbewusst in einem Radiointerview zu seinen Bauplänen bei Briol. Wie Welzenbacher und andere Architekten machte sich Zumthor nicht nur Gedanken, sondern lieferte fertige Pläne. Rund eineinhalb Jahrzehnte lang hatte er sich mit zeitgenössischen „Baumhäusern“ beschäftigt. „Die Projekte sind gemacht und ich finde, sie sind wunderschön“, sagt er stolz. Liegen sie lange in der Schublade? Werden seine Pläne versenkt und für immer ins Wasser fallen? Dann aber bitte stilgerecht im ersten Freibad des Landes.

DROLLIGE DRILLINGE

Eine feine Runde führt vom schiefen Turm in Barbian nach Bad Dreikirchen, dann auf den Settari-Häuser-Hügel bis Briol und über die Barbianer Wasserfälle zurück. Schweißperlen und Bergwassertröpfchen machen gemeinsame Sache.

INFOS

Gasthof Bad Dreikirchen: Bad Dreikirchen 7, Barbian, www.baddreikirchen.it
Hotel Briol: Bad Dreikirchen 5, Barbian, www.briol.it

31

Fluchtpunkt Gröden

ST. ULRICH

Wim Wenders, Roman Polanski und Luis Trenker haben zweifellos Filmgeschichte geschrieben. Auch in Gröden. Genauer in St. Ulrich, wo alle drei ganz nebenbei „flüchtige" Spuren hinterlassen haben. So brachte Sharon Tate mit Polanski 1966 den Minirock ins Tal, Trenker 1956 seinen Drehbuchkollegen Pier Paolo Pasolini und Wim Wenders 2015 ein Foto.

Mit einem auszustellenden Foto tauchte Filmregisseur **Wim Wenders** 2015 im Gasthaus Traube in St. Ulrich auf. Das Himmelblau über dem Tal an diesem Tag war für den Himmel-über-Berlin-Regisseur sichtlich kein Problem. Seine Fotoarbeit hatte er im Rahmen einer Parallelintervention zur Fotoschau seiner Frau **Donata Wenders** installiert – nur für den engsten Kunstkreis, im alten Gasthaus mit schrulligem Kneipencharakter. Seine Frau zeigte ihre Fotokunst im Rahmen der Ausstellung *Vanishing Point* im strengen Glanz einer Handwerkshalle in Pontives, den Galerieräumen von **Doris Ghetta**. Gezeigt wurden flüchtige Eindrücke, die zum Fluchtpunkt mutieren – ganz im Sinne des Galeriegedankens.

Für einen Fluchtpunkt in (und später aus) den Dolomiten, entschied sich sechzig Jahre vor den Wenders die Ikone des sozialkritischen italienischen Films, **Pier Paolo Pasolini** (1922–

Das alte Hotel Ladinia in St. Ulrich anlässlich der Biennale Gherdëina

Flüchtige Kunst: Notiz von Wim Wenders, Gasthaus Traube

1955). *„Trenker è simpatico, le montagne intorno anche“*, lobte der damals junge Pasolini den Altmeister und die Berge in einem Brief, als er sich zum Drehbuchschreiben für den Spielfilm *Flucht in die Dolomiten* im Sommer 1955 im Haus Trenker in Gröden aufhielt. Das freundliche Verhältnis zwischen beiden verschlechterte sich rasch, zu unterschiedlich waren Gemüter und Ansichten. Am Ende gab es den Film in zwei sehr unterschiedlichen Fassungen. Die italienische Fassung geht in Richtung Film noir, die deutsche Fassung hebt Berge und das Melodram hervor. Nach der wenig fruchtbaren Zusammenarbeit verabschiedete sich Pasolini aus Gröden, vielleicht sogar mit der alten Grödner Bahn, die – kurz vor ihrer Stilllegung – in den Streifen der beiden grundverschiedenen Filmgrößen verewigt wurde.

Mit der Schauspielerin Sharon Tate (1943–1969), die wie Pasolini später ermordet wurde, flüchtete Roman Polanski 1966 nach St. Ulrich. Nachdem er Teile seiner Horrorkomödie *Tanz der Vampire* ursprünglich nördlich des Brenners drehen wollte, mussten die 6-wöchigen Dreharbeiten zum Filmklassiker kurzfristig nach Südtirol verlegt werden. Polanski mietete sich samt Filmtruppe in einigen Hotels und Pensionen in St. Ulrich ein. Er selbst logierte im Hotel Adler, anfänglich auch seine spätere Frau Sharon Tate. „Wegen des Medienrummels und der Schaulustigen bevorzugte sie allerdings das etwas ruhigere Hotel Regina, welches damals von meinen Großeltern geführt wurde und in dem ich aufgewachsen bin“, erzählt der Filmemacher und Präsident des Museums Gherdëina, Matthias Höglinger. Bis heute hält sich in Gröden das Gerücht, dass Tate es war, die als erste den Minirock ins Tal brachte. Und das auch noch im Winter. Für seinen *Tanz in Gröden* fand Polanski mehrere Drehorte, einer davon war unmittelbar unterhalb der Bergstation der Seilbahn von St. Ulrich zur Seiser Alm, wo auch die Szene gedreht wurde, in welcher der bucklige Diener die Vampirjäger auf ihrer Flucht verfolgt. Schon wieder ein Fluchtpunkt! Es soll in St. Ulrich noch haufenweise weitere geben. Einer etwa wird alle zwei Jahre zur Augenweide, wenn sich während der Biennale Gherdëina das historische Hotel Ladinia kunstvoll verwandelt.

INS ANNATAL

Wer nicht als Selfie-Tourist auf der prächtigen Secedawand enden möchte, flaniert durch das Annatal, vorbei am Abenteuerpark Col de Flam erwarten einen Liegestühle, Hängematten, Rastbänke und gute Bewirtung.

INFOS

Galerie Doris Ghetta: Pontives 8, St. Ulrich, www.dorisghetta.com
Restaurant Antica Osteria Traube: Streda Rezia 51, St. Ulrich
Museum Gherdëina: Streda Rezia 83, St. Ulrich, www.museumgherdeina.it
Abenteuerpark Col de Flam: Annatal 10, St. Ulrich, www.coldeflam.it

32

Skihosen und Skihasen

ST. CHRISTINA, WOLKENSTEIN

In Gröden füttern engagierte Angehörige der alten rätoromanischen Kultur die Enzyklopädie-Plattform Wikipedia akribisch mit Wissen und bauen am Kulturgedächtnis des Tales. Andere tüfteln an der für 2031 geplanten alpinen Ski-WM. Aber wer sich nicht benimmt, fliegt raus! Bei Wikipedia und aus Gröden.

Im Januar 1989 mussten die Skihasen der Düsseldorfer Band **Die Toten Hosen** nach Après-Ski, Party und Konzert innerhalb von 24 Stunden den Skiort Wolkenstein verlassen. Darauf angesprochen meinte Sänger **Campino** einige Jahre später „Daran kann ich mich gar nicht mehr erinnern: Erinnern kann ich mich aber an eine gewisse Sella-Runde mit Zeitnehmungsstrecke“. Wer sich erinnert, war nicht dabei, heißt es. „Beim Skifahren selbst ist ja nie etwas passiert, aber es kann sich schon mal einer den Arm brechen, weil er vom Tisch gefallen ist“, meinte Campino, dessen Künstlername ähnlich tönt wie die Gegend *Ciampinëi* an der WM-Abfahrtspiste Saslong mit Ziel im benachbarten Ort St. Christina. Erhalten hat sich jedenfalls ein Foto im Archiv der Band, auf dem die bunte, auffällig gekleidete Truppe beim Skifahren in Gröden für ein schrilles Foto in Ciampinëi posiert. Was

Campino bei Ciampinëi und in Wolkenstein mit seinen Kollegen angestellt hat, ist möglicherweise nicht für die Öffentlichkeit bestimmt. Die Düsseldorfer mussten jedenfalls ihre Sachen packen und waren dahin. Wenige Jahre später reisten sie wieder zum Skifahren in Südtirol an und rockten eine kleine Hütte im Skiort Vals, ein paar Berge und Pisten weiter.

Damit die Menschen in Zukunft – in Gröden und weltweit – sich nicht nur an die Toten Hosen, sondern auch an das Ladinische erinnern, wagten einige Talbewohnerinnen und -bewohner vor einigen Jahren den Sprung – von den berüchtigten Kamelbuckeln der Saslong – ins Internet, auf Wikipedia. **Wolfgang Moroder** ist einer von ihnen. Bereits Mitte der 1990er war er einer der Pioniere mit einer eigenen Website und später mit einer Ultraschall-Aufnahme eines gähnenden Fötus kurz Internetstar. Der passionierte Arzt begann in seiner Muttersprache für die Online-Enzyklopädie zu schreiben und lud Bilder, Texte, Film- und Tondokumente zu Kultur und Natur auf die Plattform, auch zum bekannten Lokalpoeten Max Tosi, einer der großen ladinischen Dichter, obwohl er gar nicht aus der Gegend kam, sondern aus dem unweit gelegenen, ebenfalls ladinischsprachigen Teil des Friauls. Für seine schriftstellerische und poetische Freiheit wurde er im Tal geschätzt, wie das heute wichtige Zentrum für kulturelle Veranstaltungen und Gegenwartskunst **Tublà da Nives** in Wolkenstein. Der Ort hat sich zu einem fixen Treffpunkt für Einzel- und Kollektivausstellungen bildender Künstlerinnen und Künstlern etabliert und bietet diverse Aktivitäten, mitunter auch zu sprachlichen Besonderheiten. Der Name *Tublà da Nives* meint übersetzt *Schneehütte* und versetzt hier jeden kulturinteressierten Ski- oder Schneehasen in helle Freude. Gegenüber dem modernen Kunstbau liegt das alte Ciampinëi mit viel Kunstschnee im Winter.

DAHINGONDELN
Im Tal der vielen Bahnen in die Berge führt eine ab Wolkenstein zum Grödner Joch. Wer die Dantercepies-Bahn dem Auto vorzieht, spart Nerven, Sprit und Zeit.

Ob Tosi, Hasi oder Hosi – vielleicht kommen die Toten Hosen irgendwann als Senioren-Truppe ins künstlerisch wie finanziell durchaus herausfordernde Tal, um sich urige Pistenerleb-

Tote Hose Campino fliegt in die Zuschauermenge, in jungen Jahren flog er mit seinen Bandkollegen aus dem Grödental.

nisse in Erinnerung zu rufen, um *Bommerlunder* zu schmettern und sich neben dem lokalen Minderheiten-Speech, den inzwischen im Tal durchaus geläufigen Begriff *Overtourism* live vor Ort in Ciampinëi oder im Ziel der WM-Piste Saslong in St. Christina zu vergegenwärtigen.

INFOS

Tublà da Nives: Nivesstraße 6, Wolkenstein, www.tubladanives.it
Sellaronda: Ski- oder Radtour rund um das Sellamassiv, www.dolomitisuperski.com
Dantercepies-Seilbahn: Dantercepiesstraße 42, Wolkenstein in Gröden, www.dantercepies.it

33

Auf der Sonnenseite

BRUNECK, ST. LORENZEN, KRONPLATZ

Wie Sonne, Blitz, zwei Burgen und eine aufgelassene Seilbahnstation die Geschichte der Stadt in ein gutes Licht zu rücken vermögen, lässt sich im Pustertal anhand dreier Beispiele nachzeichnen. Zum besseren Verständnis sollten Sie dazu kurz Ihre Sonnenbrille abnehmen.

Als die Nachkriegspioniere in Sachen Tourismus in Südtirol, Karl und seine Frau Adele Knötig aus Deutschland, bei einem ihrer vielen Südtirolaufenthalte in den 1960er-Jahren durch das Pustertal fuhren, bemerkte **Karl Knötig** (1927–2018) auf einer Felskuppe westlich von Bruneck das etwas heruntergekommene Gemäuer der Sonnenburg. Burgen und Schlösser hatten es den Knötigs schon vorher angetan. In den 1950ern waren die beiden Vertriebenen aus dem Sudetenland und nach Süddeutschland Ausgewanderten auf Anraten der Politik nach Südtirol gereist, um hier Jugendferien – zunächst in Zelten, dann in aufgelassenen Burgen – anzubieten. Den Anfang machten sie in Eppan, in den Schlössern Gandegg, Englar und Matschatsch. Dort nahmen sie über Jahre unzählige Jugendgruppen in Empfang, zunächst vor allem Kinder von deutschsprachigen Vertriebenen aus dem Osten, dann alle, die Ferien in Südtirol machen wollten. Im Lauf der Jahre erweiterten die Knötigs ihr Spielfeld und dehnten es auf das Pustertal aus. 1965 erwarben sie die Sonnenburg, ließen

die Überreste des ehemaligen Klosters renovieren und bauten sie zu einem Hotel aus, in dem sich historische Bausubstanz und attraktives touristisches Angebot nicht im Weg standen.

Im Weg stand, bzw. überhaupt nicht für die Arbeit im Tourismus geeignet, war hingegen der Brunecker **Karl Baumgartner** (1949–2014). Als Kind aufgewachsen in der Blitzburg, gleich neben dem Brunecker Bahnhof, war *Baumi*, wie ihn seine Freunde nannten, im elterlichen Gastbetrieb eher für seine „zwei linken Hände“ bekannt. Mit den Füßen lief es besser. Baumi machte vor seiner Karriere in der Filmbranche zunächst als Fußballtalent von sich reden und dribbelte sich in Italiens Juniorenfußball weit nach oben. Er hatte aber außerdem ein großes Interesse für Regisseure, Kunstschaffende und für Menschen, die den Film als Kunst begriffen. Von Bruneck über Rom gelangte er nach Frankfurt und baute dort im Kollektiv das alternative *Kino Harmonie* auf. Als Filmproduzent und Verleiher sorgte er für eine Vielzahl an Filmperlen, Preisen und Ehrungen auf den wichtigsten Festivals. Bis zu seinem Tod kam der cineastische Weltenbummler, der Namen wie Tarkowski, Jarmusch oder Kaurismäki bekannt gemacht hatte, regelmäßig zurück nach Bruneck, besuchte die Blitzburg, die Verwandten und alten Freunde.

IM ZEICHEN DER SONNE

Unweit von Bruneck verläuft die Pustertaler Sonnenstraße. Sie verbindet die Gemeinden Pfalzen, Terenten und Vintl. Mit Fahrrad, Helm und Sonnenbrille (!) ist sie ein durchaus besonntes Erlebnis.

Der Kunst im Bild widmet sich auch das **Museum für Bergfotografie LUMEN** am Kronplatz, dem Brunecker Hausberg. Auf den Fundamenten einer ehemaligen Seilbahnstation wurde auf 2275 Metern Höhe Raum geschaffen für die Geschichte der Bergfotografie. Die Dauerausstellung präsentiert deren Entwicklung von ihren Anfängen bis zur Gegenwart, illustriert mit Kunstfotos, historischen Aufnahmen, Installationen und einem spektakulären Spiegelsaal. Benannt nach der Einheit für die abgegebene Lichtmenge strahlt das LUMEN in die Berge aus. Die Sonnenburg im Tal leuchtet hingegen in die Vergangenheit und die Lichtgestalt Baumi in die ganze Welt. Sonnige Grüße aus Bruneck!

Lumen: Einblicke in die Geschichte der Fotografie, Ausblicke in die Landschaft

INFOS

Hotel Blitzburg: Europastraße 10, Bruneck, www.blitzburg.it
Lumen: Museum für Bergfotografie, Kronplatz, www.lumenmuseum.it

34

Kunst und Kuh im Exil

TAUFERER AHRNTAL

Wer einmal ins Ahrntal kommt, ist rasch eingenommen von sehenswerten Orten: Naturpark und Bergwerk, Wanderwege und Wasserfälle, Kirchen und Stuben. Auch von zwei nicht alltäglichen Begebenheiten, die ins Tal und darüber hinaus führen.

In Sand in Taufers spielte sich gegen Ende des Zweiten Weltkrieges eine sonderbare Geschichte ab. Hochkarätige Kunstwerke aus der Toskana wurden angekarrt und im riesigen **Ansitz Neumelans** untergebracht. Versteckt? Geschützt? Ganz geklärt ist das bis heute nicht. Erst vor wenigen Jahren tauchten zu dieser Geschichte Dokumente in amerikanischen Archiven auf, die belegen, dass rund 300 Kunstwerke in zwei Südtiroler Täler gelangten. Bis die Amerikaner sie wieder abholten. Während im Passeiertal ausschließlich Bilder gelagert wurden, sah man zur Unterbringung der Skulpturen Sand in Taufers vor. Zwischengelagert waren die wertvollen Teile ab Juni 1943 im Oratorio di Sant'Onofrio im toskanischen Dicomano, wo noch heute Spuren der schwergewichtigen Skulpturen auf dem Kirchenboden zu sehen sind. Im Sommer 1944 wurden sie dann nach Südtirol gebracht, um sie – so sagen die einen – vor etwaigen Bombardie-

Kunstdepot Ansitz Neumelans

rungen zu schützen oder – so sagen die anderen –, um sie in den beiden Alpentälern zu verstecken. Wie so oft in Kunstfragen ist es Interpretationssache. *Please Gum* und *please Chocolate* bettelten wenig später die Kinder im Tal, als die Amerikaner die großen schweren Kisten abholten und nach Florenz zurückbrachten. Nebenbei verteilten sie Kaugummi und Schokolade, und – das erscheint in diesem Zusammenhang aus heutiger Sicht sehr löblich – Zahnbürsten! Ins Holz geschnitzte Inschriften wie *Dallas, Texas* oder *Alps* lassen heute am Holztor von Neumelans noch erkennen, dass die GIs tatsächlich hier waren und unter anderem zwei bedeutende Skulpturen von Donatello und Michelangelo.

Eine zweite skurrile Geschichte führt an das Ende des Tales, über die Wasserscheide auf die wunderbar gelegene **Jagdhausalm** und in den Ersten Weltkrieg. Im Unterschied zu Südtirol ist diese Alm bei Österreich geblieben, wird aber bis heute von Südtiroler Bäuerinnen und Bauern bewirtschaftet. Das Häuserensemble der Hochalm besteht aus 16 Steinhäusern und einer Kapelle – alle unter Denkmalschutz. Die Häuser der Almsiedlung – aufgrund des fehlenden Bauholzes aus Steinen errichtet – sind Ställe, Depots und Obdach für die Sennleute. Auch eine Jausenstation gibt es. Um die Jagdhausalm von Südtirol aus zu erwandern oder mit dem Mountainbike zu erreichen, führt der Weg ab Rein in Taufers über die Staatsgrenze. Die Alm liegt in einer Senke auf 2.000 Metern Meereshöhe und markiert Ende bzw. Anfang des benachbarten Osttiroler Defereggentales. Urkundliche Ersterwähnung war im Jahr 1212. Damit zählt sie zu einer der ältesten weit und breit. Wie das Matscher Tal am anderen Ende Südtirols wird die Exilalm gern als „Klein Tibet" bezeichnet – der Vergleich scheint hier zutreffender!

KEIN REINFALL
Der Aufenthalt bei Wasserfällen soll stresslindernd wirken und glücklich machen. Das lässt sich optimal beim spektakulären Naturschauspiel der drei Reinbachfälle erproben.

Sind es hier immer noch Hunderte Rinder, die im Sommer jährlich ins zeitlich begrenzte österreichische Exil gebracht werden, kam die im Tal gelagerte Exilkunst dauerhaft zurück in ihre Ursprungsstätten und kann dort wieder besichtigt werden. Im Gegensatz zum Ansitz Neumelans in Sand in Taufers, der sich in Privatbesitz befindet und seine Tore nur manchmal für Kulturveranstaltungen öffnet. Als lohnende Alternative steht im Dorf aber **Burg Taufers** parat.

INFOS

Jagdhausalm: Agrargemeinschaft Jagdhausalpe, Jagdhaus 1, Oberrotte (Osttirol), www.jagdhausalm.com (ab Parkplatz in Rain hin und retour ca. 22 km und 850 Höhenmeter)

Burg Taufers: Burg Taufers Weg 4, Sand in Taufers, www.burgeninstitut.com

Reinbach-Wasserfälle: Bestens ausgeschildert ab Bad Winkel bei Sand in Taufers

Das Ende vom Tal

SARNTAL, ANTHOLZ, LANGTAUFERS

Talenden haben ein besonderes Talent, weil sie philosophisch weitergedacht werden wollen, das Ende im Anfang darstellen und gerade deshalb faszinierend sind. Aufgrund ihrer vermeintlichen Unüberschreitbarkeit stellt sich wiederholt heraus, dass sie Ausgangspunkte für kuriose Geschichten und Übergänge waren. Und es immer noch sind.

„Wir fahren gerne durch das Sarntal“, erzählt Galit Brassem Weiss. Er muss es wissen, zählt er doch zur staatlich anerkannten Minderheit der Wohnwagenbewohner in den Niederlanden. Mit jenischem Background und mit vielen Informationen über Südtirol – ein Onkel kam aus der Brixner Gegend – machte sich Brassem Weiss vor Kurzem im Wohnwagen von Amsterdam auf in den Süden. In Erinnerung geblieben ist dem Profi in Sachen Unterwegssein weniger die sich spektakulär auf Pfeilern durch das Eisacktal windende Autobahn, vielmehr die Fahrt durch das Herz des Landes, das **Sarntal**. Aufgrund seiner geografischen Lage war es lange nur schwer erreichbar – von Süden durch eine schwer überwindbare Schlucht, später zunehmend leichter durch Tunnels, von Norden über das nur sommertaugliche Penser Joch. Dazwischen liegt die Insel der Seligen.

„Fahr ma ins Sarntal, des is net weit und da haben wir unsere Ruhe!" hatte Skistar **Christian Neureuther** seiner Frau **Rosi Mittermaier** im Frühling 1976 vorgeschlagen, wenige Monate nachdem Rosi in Innsbruck bei den Olympischen Spielen zwei Goldmedaillen geholt hatte. Auf ihrem „Ausflug ohne Menschen", aber mit „vielen Schmetterlingen im Bauch" waren die frisch Verliebten nicht etwa vom *Sarner Ski* und den berühmtberüchtigten Sarner Witzen begeistert, vielmehr von den federkielbestickten Sarner Schuhen, die Mittermaier wenig später bei ihrer Hochzeit mit Neureuther trug.

Für eine TV-Dokumentation reiste Sohn **Felix Neureuther** unlängst und aus gutem Grund nicht ins Sarntal, sondern ins Antholzertal – bekannt für sein Biathlonspektakel, die Beschreibungen von Literaturpapst **Claudio Magris** sowie die Aufenthalte des einflussreichen und auf mysteriöse Weise zu Tode gekommenen Erdöl und Energiemanager-Manager Enrico **Mattei** am Antholzer

See, der am Talende einen Anglertraum nach dem anderen träumte. Mit einem Albtaum konfrontiert sah sich Neureuther Junior beim Anblick der aufzumotzenden Sportstätte am See nebenan und befragte die lokale Bevölkerung mit seinem kritischen Blick von außen auf das scheinbar idyllische Tal, das sich mit viel Geld, Größenwahn und wenig Nachhaltigkeit für Olympia 2026 rüstet. Er konterkariert das rosige Bild, das seine Mutter Rosi und sein Vater Christian von Südtirol noch haben konnten.

Nur wenige Gipfel und Berghänge weiter und unmittelbar neben Italiens nördlichstem Punkt, dort wo im Ahrntal Südtirol nicht an Nord- oder Osttirol, sondern an Salzburg grenzt, liegt ein an interessanten Begebenheiten nicht zu unterschätzendes Talende mit einem gewichtigen Übergang. Als kürzeste Verbindung zwischen Salzburg und Venedig war der **Krimmler Tauern** in früheren Zeiten von großer Bedeutung. Auch 1947, als hier Tausende Juden über den Gebirgspass von Österreich nach Italien geschleust wurden.

TOD ODER LEBEN

In Reinswald können Sie winters die Pisten hinunterwedeln, sommers lohnt die Wanderung zum in mittelalterlichen Pandemiezeiten errichteten Totenkirchlein. Mit einer Flasche Corona im Rucksack.

Kurios auch das Talende im hintersten Langtauferer Tal, am **Gamsegghof**, der mit 1920 Höhenmetern so hoch liegt, dass Tiere und Touristen auf dem Weg zur Melager Alm (1915 m) leicht bergab gehen. Das ist wirklich nicht alltäglich! Aber natürlich auch nicht so sensationell, wie der Käse, den Alt- und Jungbauer hier für den feinen Verzehr zubereiten. Lange belächelt, da sie sich gegen den touristischen Ausverkauf und neue Seilbahnverbindungen und Pisten stellten, lächeln sie heute zurück. Mit einer guten Schnitte Käse im Mundwinkel.

INFOS

Biathlon Stadion Antholz – Südtirol Arena: Obertaler Straße 33, Rasen-Antholz, www.biathlon-antholz.it
Gamsegghof: Melag, 11, Graun im Vinschgau, www.gamsegghof.it

Zum Museum
Per il museo
To the museum

36

Museales Storytelling

NIEDERDORF, MERAN, KURTATSCH

In Südtirol gibt es eine stattliche Anzahl an kleinen und großen Museen. Sie sind als Gedächtniskammern wichtig für Land und Leute vor Ort und kulturelle Magnete für den Tourismus. Dass sie mit der Zeit gehen und auch im Kleinen Großes zu erzählen imstande sind, macht die unbeweglichen Orte zu lebendigen Organismen.

Einen wichtigen Teil der Südtiroler Museumslandschaft nehmen die großen, über das Land verteilten Landesmuseen ein, auch die gut vernetzten Bergmuseen im Namen von Bergsteigerlegende Reinhold Messner. Dazu gesellen sich viele kleinere Museen wie das Schreibmaschinenmuseum in Partschins oder das Schaubergwerk in Villanders. Auch das Museum in der **Villa Freischütz** in Meran gehört dazu, ihm gelang 2024 der Einzug in die Endrunde für die wichtigste jährliche Auszeichnung im europäischen Museumsbereich European Museum of the Year Award (EMYA). Museen sollen einladend, lebendig und inspirierend sein, lautet das Motto des vor wenigen Jahren eröffneten Hausmuseums in Meran/Obermais, wo über die Sammlertätigkeit der einstigen Besitzerfamilie ein inniger Bogen von der Vergangenheit ins Heute geschlagen wird. Konsequent stellen die Museumsmacherinnen die Menschen ins Zentrum und nicht so sehr die Objekte.

Im heutigen Museum **Haus Wassermann** in Niederdorf war viele Jahrzehnte lang ein Cafè mit Konditorei untergebracht, das den touristischen Aufschwung, zwei Weltkriege und die Aufbauzeit danach miterlebte. Heute erzählt das kleine Fremdenverkehrsmuseum wie der Bau der Eisenbahn vor eineinhalb Jahrhunderten den Tourismus im Tal angekurbelte. Aber nicht nur. Erlebbar gemacht wird die Tourismuspionierin **Emma Hellensteiner** (1817–1904). Sie war die erste Gastronomin, die in internationalen Zeitungen Anzeigen schaltete, neue Gästeschichten ins Hochpustertal lotste und durch Verfeinerung der lokalen Hausmannskost bekömmlichere Gerichte anbot. Auf ihren touristisch eingestellten Familienbetrieb sollten weitere folgen.

Ein Familienbetrieb in der Gemeinde Kurtatsch im Südtiroler Unterland hat sich hingegen ein Museum mit dem Namen **Zeitreise Mensch** geleistet. „Wir haben das unwahrscheinliche

Glück, dass wir Funde haben aus der Mittelsteinzeit, von der ersten Zeit der Besiedelung dieses Gebietes, weiterhin aus der Jungsteinzeit, Bronzezeit und Römerzeit, bis herauf zur Industrialisierung. Das alles können wir hier zeigen und dokumentieren", erzählt Gründer Siegmund Schweiggl, der das Museum im zentral gelegen Ansitz am Orth 1976 eröffnete. Seit den 1990er-Jahren wird er von Sohn Wolfgang unterstützt. „Unsere Museumsarbeit ist eine Zeitreise", sagt dieser, „weil mehrere Generationen an diesem Museum arbeiten und wir es demensprechend zu gestalten versuchen, um es für alle erlebbar und interessant zu machen." Im Mehrgenerationenmuseum findet sich Geschichte in allen Ecken und fast an allen Wänden. „Ich habe mit dem Sammeln begonnen, um Dinge für die Nachwelt bewahren", erinnert sich Siegmund und freut sich darüber, dass seine Enkel bereits mithelfen.

Wem Zeitreisen in die lokale Geschichtswelt zu trocken sind, kann rund 20 Autominuten hoch über Kurtatsch ins erfrischende Nass des idyllischen Fennberger Sees springen.

NOCH MEHR TOURISMUS?

Wer im Zeitraffer erleben möchte, wie ein Bauernhof innerhalb weniger Jahrzehnte zum Hotelklotz mutiert oder wer an Südtirols größtem „Flipper" Hand anlegen will, ist im Touriseum richtig.

INFOS

Villa Freischütz – Hausmuseum: Schönblickstraße 8/Priamiweg 7, Meran, www.villafreischuetz.org

Haus Wassermann, Fremdenverkehrsmuseum Hochpustertal: Hans-Wassermann-Straße 3, Niederdorf

Museum Zeitreise Mensch: Ansitz am Orth, Botengasse 2, Kurtatsch, www.museumzeitreisemensch.it

Touriseum – Südtiroler Landesmuseum für Tourismus: St.-Valentin-Straße 51A, Meran, www.touriseum.it

37

Könige der Sätze

SEXTNER DOLOMITEN

Aus Sexten stammt mit Jannik Sinner nicht nur einer der besten Tennisspieler, sondern mit Claus Gatterer auch einer der besten Journalisten. Vor einem Jahrhundert geboren, hat er wie kein anderer frischen Wind in die lokale Geschichtsschreibung gebracht, indem er das gemeinsame Miteinander in den Vordergrund stellte. Vielleicht verfügen ja beide über den berühmtberüchtigten *Sexten* Sinn?

Sinnen unter den Zinnen! Für die Dreharbeiten zum Film *Solo: A Star Wars Story* nahmen die Regisseure auch die Felszacken der Drei Zinnen ins Visier und so sind sie für einige Sekunden Kulisse im Blockbuster. Wer in die Gegend der Sextner Dolomiten reist, sollte sich auf jeden Fall Zeit nehmen, denn diese geben hier die Berge vor, ist doch die sogenannte Sextner Sonnenuhr die mit Sicherheit größte Steinuhr überhaupt. Von Bad Moos im Fischleintal betrachtet, korrespondiert der Sonnenlauf mit den Namen der Berge und leuchtet um Punkt 12 zur Wintersonnenwende über dem Zwölfer und um 13 Uhr über der Spitze des Einsers. Dazu gibt es noch den Neuner, den Zehner und den Elfer. Für Kletterfreaks ragt in der Nähe die Felsnadel auf, die den Namen Glanvellturm oder Kleinster Zwölfer trägt. Erstbesteiger war **Viktor Wolf Edler von Glanvell** (1871-1905), Urgroßvater des streitbaren österreichischen Fernsehmoderators **Armin Wolf**.

Fischleinboden

Als Wolf vor einigen Jahren zum ersten Mal in Sexten war, um den Claus-Gatterer-Preis für herausragende journalistische Arbeit entgegenzunehmen, besuchte er das Grab seines kletternden Vorfahren im nahegelegenen Prags. „Er war Uni-Professor in Graz und ein bekannter Bergsteiger, der in den Dolomiten sehr viele Erstbesteigungen gemacht hat", erzählt der Mehrfachbesteiger des Wiener Küniglbergs (ORF Zentrum).

Aufgestiegen zur Nummer 1 im Welttennis ist der junge Sextner Jannik Sinner. Vielleicht hat sich der freundliche Tennisstar den Namen seiner Heimatgemeinde zum Vorbild gemacht und versucht deshalb in jedem Satz erster im entscheidenden „6.“ Spiel zu sein. Der König des Satzgewinns ist in Sexten in bester Gesellschaft mit einem anderen König der Sätze: Claus Gatterer (1924–1984). Er hat nicht nur die Geschichtsschreibung seines Herkunftslandes auf ein internationales Niveau gehievt, sondern wurde vor allem für seine publizistische und journalistische Arbeit im Bereich Minderheiten und Randgruppen bekannt. Sein Credo, „Im Zweifel auf Seiten der Schwachen“, hallt bei den jährlichen Preisverleihungen in seinem Namen symbolisch aus den Felswänden zurück ins Herz und sucht sich von dort aus zwischen den Bergspitzen wieder den Weg in die Freiheit.

Mehrmals besuchte der fünffache Oscar-Preisträger **Fred Zinnemann** das **Hotel Drei Zinnen** im Ortsteil Moos von Sexten. Das Hotel im überhöhten Bauernhaus-Style zählt zu einem wichtigen architektonischen Zeugnis der Zwischenkriegszeit, mit dem **Clemens Holzmeister** (1886–1983) und **Luis Trenker** (1892–1990) Architekturgeschichte geschrieben haben. Es ist ein Erlebnis, sich in der farblich abgestimmten Originaleinrichtung aufzuhalten, an den vielen weiteren Details vorbeizuziehen, vom alten Speisesaal bis ins neue Hallenbad. Fred Zinnemann soll gerne an der nach wie vor intakten, von Altmeister Holzmeister designten, orange-blauen American Bar gesessen haben, möglicherweise ist ihm an genau dieser Theke der Titel seines legendären Filmklassikers *Zwölf Uhr mittags*, mit der jungen Grace Kelly in der Hauptrolle, zugefallen. Im Zeichen der Sextner Sonnenuhr.

KRIEG UND FRIEDEN

Eine Website samt Wander-App ermöglicht einen umfassenden Zugang zur Geschichte des Ersten Weltkrieges am Beispiel Sexten. Die App führt auf friedliche Kriegspfade rund um die Drei Zinnen.

INFOS

Hotel Drei Zinnen: St.-Josef-Straße 28, Sexten, www.hotel-drei-zinnen.com
Bibliothek „Claus Gatterer“: Dolomitenstraße 45, www.biblio.bz.it/sexten
In die Landschaft eingeschrieben: writteninthelandscape.projects.unibz.it

Gedruckt mit freundlicher Unterstützung
der Abteilung Deutsche Kultur der Autonomen Provinz Bozen – Südtirol

Bildnachweis

Biennale Gherdëina (Foto: Tiberio Sorvillo): S. 133 | Eau & Gaz (Foto: Liquid Cat): S. 22 | Arno Ebner: S. 63, 92 | Eurac (Foto: Julia Seeber): S. 97 | Festival DingsDo (Foto: Lukas Kahn): S. 9 o., 11, 127 | Agostino Fuscaldo: S. 78, 110 | Gasthof Zum Riesen (Foto: Franziska Unterholzner): S. 84 | Martin Hanni: S. 13, 14, 27, 28, 31, 34, 36, 39, 66, 81, 89, 91, 95, 106, 115, 124, 129, 130, 136, 137, 143, 145, 146, 149, 150, 157, 158 | Hotel Amazonas: S. 70 | IDM, *Die Einsiedler*: S. 47 | IDM, *Lubo*: S. 45 | Kloster Neustift (Foto: Alan Bianchi): S. 117 | Kloster Neustift (Foto: Peter Daldos): S. 118 | Kräutergarten Wipptal (Foto: Simon Amort): S. 104 | LanaLive 2018 (Foto: Philip „Flyle" Unterholzner): S. 55 | Landesweingut Laimburg: S. 16 | Marion Lafogler: S. 109 | Sabine Lercher: S. 5, 6, 9 u. r., 9 u. l., 24 | Michael Meraner: S. 69, 82, 141 | Meteo (Foto: Agatha Erlacher): S. 61 | Museum Brunnenburg: S. 64 | Museum Freischütz (Foto: Karlheinz Sollbauer): S. 152 | MuseumHinterPasseier: S. 77 | Museumsverband Südtirol: S. 154 | Franz Mussner: S. 134 | Pharmaziemuseum Brixen (Foto: Arnold Ritter): S. 122 | Heimo Prünster: S. 48, 101 | Alexa Rainer: S. 75 | Renate Ranzi: S. 73, 112 | Seilbahn Vigiljoch: S. 57 | Stanglerhof: S. 33 | Stadtgalerie Brixen (Foto: Josef Rainer): S. 121 | Südtiroler Bäuerinnenorganisation (Foto: Armin Huber): S. 98 | Marialuise Thurner: S. 87 | Tourismusverein Eppan (Foto: Klaus Peterlin): S. 19 | Tourismusverein Eppan (Foto: Marion Lafogler): S. 20 | Tourismusverein Ritten (Foto: Franziska Unterholzner): S. 40, 43 | Philip „Flyle" Unterholzner: S. 52 | vigilius mountain resort: S. 58 | Maria Luise Weiss: S. 51

1. Auflage 2024

Lektorat: Adele Brunner, Hermann Gummerer
Grafik und Umbruch: no.parking, Vicenza
Kartografie: Cartomedia, Karlsruhe
Druckvorstufe: Typoplus, Frangart
Druck: Lanarepro, Lana
ISBN 978-3-85256-906-2
E-Book ISBN 978-3-99037-162-6
www.folioverlag.com